Rinoie Yuchiku

El orden según el Feng Shui

Principios orientales para atraer la buena suerte

dNX

Título original:

Un ga yoku naru fūsui no shūōn & seiri jutsu

運がよくなる風水収納&整理術

Por el texto: Rinoie Yuchiku ©Y. Rinoie 2019

Originally published in the Japanese language
by Nippon Jitsugyo Publishing Co., Ltd.

Por la traducción del japonés: Giorgia Boni 2021

Rosellón, 186, 5° 4ª, 08008-Barcelona, España
Tel (34) 930 000 865
e-mail: info@dnxlibros.com

www.dnxlibros.es

Diseño de portada: Marcia Fernández (@luperka_fantasy)

Ilustraciones de portada: Marcia Fernández (@luperka_fantasy)

Diseño de interior: Sekine Yasuhiro (T-borne)

Maquetación interior: Noemi Blanco

Ilustraciones de principio de capítulo: Soeda Aki

Ilustraciones de interior: Yasuda Naomi

ISBN: 978-84-19467-77-5

Depósito legal: B 22595-2025

Impreso en España - *Printed in Spain*

Rinoie Yuchiku

El orden según el Feng Shui

Principios orientales para atraer la buena suerte

dNX

Índice

Capítulo 3

El arte de organizar la cocina para propiciar beneficios económicos

Capítulo 4

Revaluemos el concepto del orden

Capítulo 5

Preguntas y respuestas sobre el orden según el Feng Shui para hacer realidad nuestros sueños

Capítulo 6

Mejora tu situación personal a través de la limpieza

Capítulo 7

Epígrafes

Nota a la edición española

Hoy en día, cuando a un lector occidental se le habla del Feng Shui, ya no le resulta un concepto desconocido. Sin embargo, se suele pensar que se trata de una práctica de reciente aparición, fruto de las tendencias new age de los años ochenta. En realidad, el Feng Shui es una ciencia tradicional china con más de seis mil años de historia que hunde sus raíces en el estudio de la astronomía y la concepción cosmogónica de los científicos y sabios orientales. Por eso no sorprende que este libro, que nos enseña a aplicar el Feng Shui en nuestra vida diaria, lo relacione todo con los cinco elementos de la medicina tradicional china y los diferentes tipos de chi o energía. La autora, Rinoie Yuchiku, es portadora de esta tradición en la vertiente que fue adaptada más tarde en Corea y Japón, ya que su familia ha practicado esta ciencia milenaria durante generaciones.

Ahora bien, ¿qué es el Feng Shui? Quizá te sorprenda saber que el 14 de marzo del 2020, en su primer Instagram Live, Marie Kondo, la exitosa autora del libro *La magia del orden*, habló de su experiencia con el Feng Shui y aconsejó la lectura de este libro que tienes entre las manos como su referencia principal en el tema. En esa intervención explicó que el Feng Shui se basa en la idea de que podemos mejorar nuestra suerte, entendiendo la suerte como los aspectos fundamentales de nuestra vida, a través del correcto almacenamiento de nuestras pertenencias y del orden en nuestra casa.

Esto puede parecernos extraño, pero realmente el concepto del orden según el Feng Shui es el origen de la conocida filosofía de Marie Kondo y de la mayoría de las tendencias similares que han surgido en los últimos años. De hecho, la propia Marie Kondo confiesa que la práctica del Feng Shui en su vida diaria fue la que cambió por completo su suerte amorosa, económica y profesional.

La idea es precisamente ésta: aplicar prácticamente los consejos que se dan en este libro para provocar cambios positivos en nuestra vida. Pero para ello, aconsejamos que te acerques a su lectura teniendo en cuenta que los orientales tienen una concepción muy distinta de la realidad y que tienen miles de años de investigación y experiencia en esta forma de entender el espacio en el que vivimos. Por ejemplo, deshacerse de pertenencias que no usamos puede parecernos antiecológico desde la perspectiva occidental, pero hay que pensar que la propuesta principal del Feng Shui es vivir sólo con lo necesario y que nos hace feliz. Por lo tanto, nos ayuda a concentrar los recursos y a evitar el consumo innecesario.

Por otro lado, también hay que tener en consideración la importancia del cambio y la renovación de las energías en el Feng Shui. Para los occidentales, lo viejo tiene un gran valor, pero, en Oriente, el concepto de renovar periódicamente las viviendas e incluso los templos es completamente normal y necesario. Muchos no lo sabrán, pero cuando viajas a Japón y visitas uno de sus numerosos templos es posible que estés viendo una réplica exacta del original, (por ejemplo, uno de los más antiguos y conocidos de todos: el Ise Jingu), ya que cada veinte años reemplazan íntegramente su estructura con materiales nuevos. Esto no lo hacen únicamente porque los templos estén construidos con madera, un material que sufre con el paso del tiempo y la humedad, sino también como una forma de renovación de las energías. Algo que sería impensable para nosotros, pero ¿no es verdad que cuando tenemos algo nuevo o cuando nos deshacemos de cosas que no necesitamos y limpiamos y ordenamos nuestro entorno sentimos una satisfacción y una alegría muy diferentes?

Es posible entonces que este texto de Rinoie Yuchiku, hasta ahora inédito en español, cambie por completo la visión que tenías acerca del Feng Shui, pero es aún más posible que te ayude a implementar muchos de sus aspectos para lograr una vida más próspera y feliz.

---

* A partir de la era Meiji, que comenzó en 1868 y en la que Japón comenzó a entrar en contacto con la cultura occidental, se transmitió la idea de conservar lo antiguo. Esto influyó mucho en Japón, pero hoy en día sigue siendo muy común renovar periódicamente templos, edificios y viviendas privadas.

Prefacio

Cuando me preguntan cuál es la clave para tener buena suerte, siempre contesto que se trata de que estemos dispuestos a deshacernos de nuestras pertenencias, porque de esa forma nos liberamos, al mismo tiempo, de la mala suerte que reside en nuestra casa y en nosotros mismos. Una persona afortunada es aquella que logra mantener siempre un estado de limpieza, en diversos sentidos, al contrario de las personas que no logran liberarse de las cosas y, por consiguiente, tampoco de la mala suerte que se va acumulando en ellas.

Por mucho que ordenes, si no aprendes a tirar, no crearás nunca un espacio que atraiga la riqueza. Según el Feng Shui, el elemento que determina el destino es el entorno donde se vive, por el cual no solo se entiende la vivienda en sí, sino también la ropa que vistes, los alimentos que comes y las acciones que llevas a cabo.

Es probable que la razón por la cual no te sientas satisfecho con tu vida se encuentre en el entorno que te rodea. Si eliminas algunos elementos, todo mejorará y nacerá una nueva versión de ti mismo más afortunada. Tu casa es el lugar donde se acumula tu suerte y esto se cumple a través de determinadas acciones. Para que un ambiente sea positivo, tiene que estar limpio.

La clave es tirar las cosas que no necesitas y ordenar muy bien las que necesitas: haciendo esto, todo cambiará.

En el Feng Shui se piensa que «no existe ninguna persona con mala suerte, solo personas que empeoran la suya».

Aprendamos juntos las reglas del Feng Shui para gozar siempre de una vida afortunada.

Introducción

Los conceptos básicos que hay que conocer sobre el Feng Shui

¿Qué es el Feng Shui?

Si tuviese que contestar a esta pregunta con una sola frase, diría que es un manual para mejorar nuestro porvenir.

En el Feng Shui se afirma que la suerte de cada uno se decide por el ambiente que le rodea, lo cual incluye cada aspecto de la vida: la ropa, la comida, la vivienda, sus acciones, etc. Quien capta el significado de estas cuestiones según la clave del Feng Shui, logra que su vida mejore, mientras que quien no lo hace, se vuelve una persona desafortunada. De hecho, el Feng Shui puede entenderse también como el estudio de nuestro entorno, gracias al cual mejoramos nuestra suerte aprovechando plenamente la energía: el *chi*[1].

¿Cual es la característica del Feng Shui Joseon?

Vamos a referirnos brevemente a su historia. El Feng Shui nació en China hace

1. Para la Medicina Tradicional China, el *chi* o *qì* es la fuerza vital que se encuentra dentro de los seres vivos y de todo aquello que nos rodea.

alrededor de cuatro mil años y evolucionó en el tiempo. En China era considerado fundamentalmente como un estudio geológico del terreno, mediante el cual se determinaba dónde construir nuevas ciudades o cementerios y, al mismo tiempo, como un estudio del momento oportuno en el cual emprender cada nuevo proyecto. Hubo diversos maestros muy reconocidos en este campo, comenzando por Zhuge Kongming, del cual se habla en las *Crónicas de los Tres Reinos*. Con el tiempo, el Feng Shui llegó a Japón y se desarrolló también en Corea, en la época Joseon. Allí, debido además a la limitación territorial de Corea, se comenzó a poner en práctica el Feng Shui en nuestro entorno privado y en los aspectos familiares, naciendo así el denominado Feng Shui Joseon.

Para que un ambiente atraiga la buena suerte es importante el equilibrio entre el yin y el yang

En el Feng Shui, cada objeto se clasifica dentro de la categoría yin o yang. Con yin se entienden todos los objetos oscuros, fríos y viejos; mientras que las cosas claras, calientes (o tibias) y nuevas se asocian al yang. El equilibrio de estas fuerzas es muy importante, hasta tal punto que, por ejemplo, si se acumula en el cuerpo más yin del necesario, la persona se enferma. El estado en el cual hay mucho yin se define como «chi nocivo»[2] , y el que posee mucha vitalidad, «chi floreciente»[3]. Todas las cosas que son nuevas están llenas

2. En japonés: 煞気 (sakki)
3. En japonés: 旺気 (ōki)

¿Qué se entiende por el desarrollo mutuo del chi?

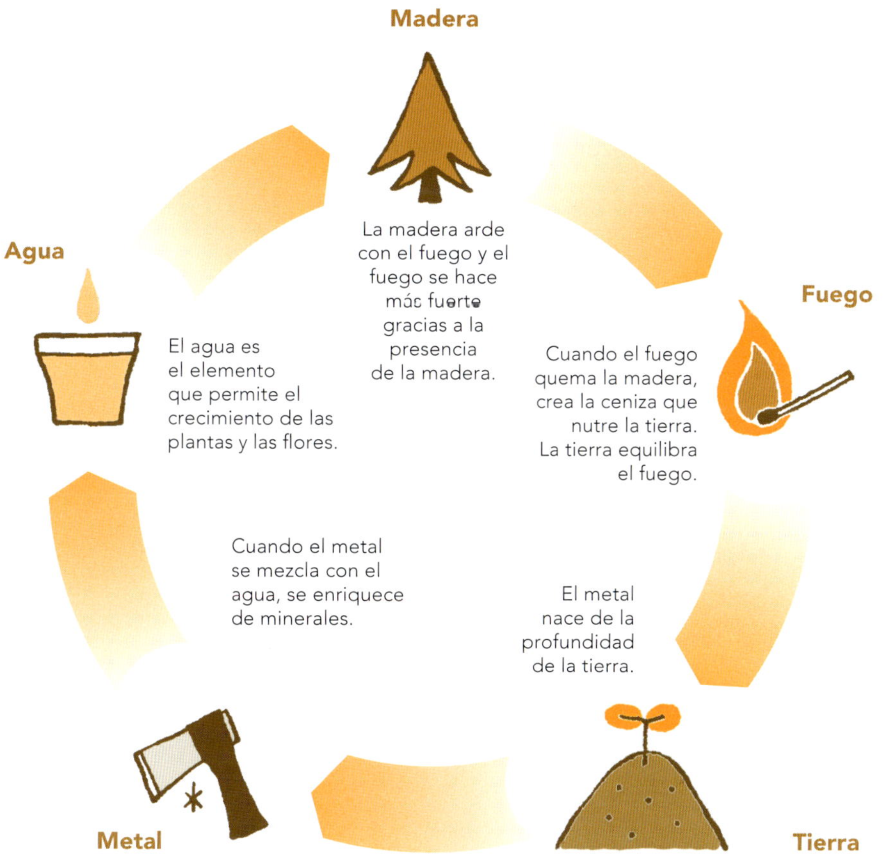

de este último chi, pero, a medida que pasa el tiempo, se impregnan de chi nocivo.

Y teniendo en cuenta que el ser humano se alimenta de la energía presente en el ambiente, si vives en un entorno lleno de chi negativo, evidentemente serás una persona desafortunada. Sin embargo, si vives en un ambiente con abundancia de chi positivo, serás afortunado, tendrás numerosas oportunidades y encuentros muy positivos en la vida.

Cada cosa en este planeta posee la cualidad de uno de los cinco elementos

El otro concepto fundamental del Feng Shui junto con el del chi y el del yin y el yang, es el de los cinco elementos. Todas las cosas están formadas por uno de estos cinco elementos: madera, fuego, tierra, metal y agua. Simplificándolo, se podría decir que pertenecen al elemento madera todos los objetos de madera; al elemento fuego los plásticos, el vidrio (cuando se halla en un ambiente luminoso) y las fibras sintéticas; al elemento tierra los objetos de arcilla; al elemento metal los objetos metálicos y redondos; y al elemento agua el vidrio (cuando está colocado en un ambiente oscuro) y los objetos curvos. Según el Feng Shui, cada sustancia presente en el planeta puede ser clasificada en una de estas categorías.

Los cinco elementos se relacionan con el «desarrollo mutuo» y la «mutua derrota»

La interrelación y la ayuda mutua entre los cinco elementos incrementan el éxito y esto se define como «**desarrollo mutuo**». Por ejemplo: dado que el metal nace de la tierra, el chi del metal y el de tierra están relacionados, y es justamente esta relación de colaboración recíproca la que llamamos «**desarrollo mutuo**». Por el contrario, existe también una relación entre agua y fuego de cuya oposición recíproca nace la relación de «mutua derrota», la cual disminuye el nivel de buena suerte. Cuando el agua apaga el fuego no se crea nada y surge la «mutua derrota». El método para guardar y ordenar según el Feng Shui se basa en saber usar correctamente la relación de «**desarrollo mutuo**» y no conservar cosas que podrían crear «mutua derrota».

¿Qué se entiende por la «mutua derrota» del chi?

El concepto de tirar algunos objetos de la casa y ordenar otros

Como comenzamos a decir antes, el Feng Shui es considerado como el estudio de nuestro entorno, el lugar donde se decide nuestro devenir y en el cual incluimos también la ropa, la comida, la vivienda, las acciones, etc. Cualquier entorno es importante, pero el doméstico es el principal: tu casa es el lugar donde germina y crece tu fortuna. Si el ambiente de casa no es bueno, no podrás ser favorecido por la fortuna. Cuando se habla del Feng Shui, existe la tendencia a subrayar los aspectos de diseño de interior y de dónde y cómo colocar nuestros enseres, pero la verdadera clave es deshacerse de objetos que no nos sirven y conservar de forma correcta los que hemos decidido guardar. Es justamente esto lo que nos ayuda a dirigir nuestro futuro. El lugar donde se guardan las cosas dentro de la casa es considerado el punto donde se concentra el chi que influye en la buena suerte. Acumular objetos que no se necesitan a menudo causa sufrimientos y tener nuestras pertenencias en desorden provoca que disminuya nuestra buena suerte.

Las suertes y los símbolos gobernados por los cinco elementos

Elementos	Suerte	Símbolos
Madera 	Trabajo Éxito profesional Estudios	Información, palabras, sonidos, ambiciones, dispositivos audiovisuales, dispositivos informáticos, objetos de madera, algodón, comidas ácidas, bebidas, cítricos, comportamientos infantiles, medios de comunicación de masas, ropa y objetos de moda, música popular, deportes.
Fuego 	Belleza Estatus social Popularidad	Clase social, estatus, honestidad, arte, belleza, separación, objetos de plástico, objetos brillantes, trabajos en los cuales se da importancia a la sensibilidad, industria de la moda y de la estética, inversiones, apuestas, comidas con mariscos como gambas y cangrejos.
Tierra 	Matrimonio Familia Inmuebles	Esfuerzo, seguridad, persistencia, tradición, ahorro, traslado, diseño de interiores al estilo japonés, accesorios al estilo japonés o asiático, cocina japonesa, comida al vapor, cerámica, zapatos bajos, materiales elásticos, decoraciones florales, jardinería.
Metal 	Dinero Patrocinio Negocios	Todas las actividades divertidas, cualquier ayuda recibida, estilo de vida adinerado, comidas y bebidas, alegría, metales preciosos, espadas, objetos redondos, postres, moda de lujo, objetos de marcas famosas, joyas.
Agua 	Amor Relaciones	Confianza, relaciones, intercambios, secretos, historias de amor, comportamientos femeninos, moda para mujer, camisetas, encajes, medias de rejilla, sake japonés, pintalabios, estolas y bufandas, tela de gasa.

Capítulo
1

Comencemos por desprendernos de algunas pertenencias

En los objetos viejos, o que no usamos, no puede haber buena suerte. Para mejorar tu vida, la primera cosa que tienes que aprender es a tirar y encontrar la forma correcta de deshacerte de las cosas que has guardado porque te parecía difícil desprenderte de ellas.

Capítulo 1

捨てることから
始めましょう

El yin se acumula en las cosas que no necesitas o no usas

De las cosas viejas no se puede recibir chi positivo

En todas las cosas reside el chi. Al principio, cuando son nuevas, es el chi yang, o sea el chi positivo, mientras que las cosas antiguas acumulan el chi yin. Los objetos también tienen su vida y cuando son viejos, aunque te gusten, es imposible que contengan chi positivo. Además, las cosas que no se utilizan se cargan de yang, porque el hecho de no ser usadas las sitúa en la condición de no tener vida y de convertirse en semilleros de chi negativo. Por eso todos los objetos, como la ropa o los utensilios de cocina, que no usas contribuyen a que tu suerte se estanque.

Las casas donde el chi no se regenera bien están más expuestas a sufrir desgracias

Partiendo del hecho de que absorbemos el chi presente en el ambiente, para gozar de buena suerte hemos de vivir en un entorno muy positivo. Si llenas tu casa de objetos que no usas y que no necesitas, el chi no se regenera, y el ambiente se carga de yin y de lo que se define como sakki o destino adverso. Así aumenta también la posibilidad de enfermar. Las personas, igual que las casas, sufren los efectos del chi negativo bajo la forma de enfermedades o accidentes.

Conservar objetos que no se usan empeora tu suerte

El camino hacia la felicidad: deshacerse de lo superfluo

Para ser felices, lo primero es liberarse de la idea de que quizás algún día un objeto nos podría resultar útil y comenzar a desprendernos de lo que no necesitamos en el momento presente.

Con toda seguridad, habrá algunas cosas que nos resulten más difíciles de tirar, aunque de esto hablaremos más adelante…

Comenzaremos poniendo en práctica el Feng Shui separando las cosas que necesitamos de las que son superfluas.

Evita conservar ropa y lencería viejas

Si quieres cambiar tu porvenir, tira la ropa interior vieja

Según el Feng Shui, la moda controla las suertes del tiempo y de nuestras oportunidades. Vivir demasiado influenciado por la moda podría no ser positivo, pero prestarle la justa atención es importante para atraer oportunidades positivas en la vida. Además, según el Feng Shui, las telas rigen las relaciones sociales: de modo que, si te vistes con ropa que no está a la moda, o si no te deshaces de la ropa vieja o que ya no usas, estás haciendo de ti mismo una persona con pocas posibilidades de conocer gente y entablar nuevas relaciones. En toda la ropa que conservas sin usar, y aunque te la pongas también si es vieja, se acumulará chi negativo y esa energía acabará impregnando también la ropa nueva.

Teniendo en cuenta que la influencia de los tejidos sobre la suerte de la persona es muy poderosa, la ropa que no se usa atrae la mala fortuna y tiene un efecto negativo sobre la vida amorosa y sobre cualquier nuevo encuentro en general. La ropa interior requiere especial atención, ya que, al estar en contacto directo con la piel, tiene una influencia todavía mayor. Por lo tanto, si quieres cambiar tu fortuna, el primer paso es desprenderte de la ropa interior vieja. El tiempo de uso de la ropa interior es de alrededor de un año. La ropa interior nueva es una especie de amuleto que te ayudará a atraer oportunidades propicias.

Tirar cosas en un día soleado ayuda a anular la mala suerte

Está claro que las prendas que tienes que tirar son las que no están de moda y las que hace más de dos años que no usas. Si no hay ningún contenedor específico para tirar la ropa en tu país, la puedes tirar con el papel, pero es imprescindible separarla de los residuos orgánicos, porque provoca mala suerte que las prendas que has usado cojan mal olor. En el caso de la ropa interior, es mejor enrollarla en papel y después colocarla en una bolsa de basura, porque la ropa interior es considerada como elemento agua y es aconsejable evitar ponerla en contacto directo con el elemento fuego del plástico.

Es mejor tirar la ropa y cualquier objeto de tela en un día soleado, en el que la fuerza positiva del yang te ayude a alejar la mala suerte que hayas tenido hasta ese momento.

Tu destino será más próspero si comienzas por los objetos personales. ¡Comencemos con lo que tenemos al alcance de las manos!

Deshazte de las fotos de tu ex

Las fotos conservan el chi de la pareja en el momento en que fueron tomadas

¿Entre los objetos difíciles de tirar no están acaso las fotos de tus ex? Según el Feng Shui, las fotos almacenan el chi de ese momento, por lo que, si tuvieses a tu alrededor fotos de relaciones ya terminadas, en conformidad a la filosofía del Feng Shui, se consideraría que ese lazo todavía existe y hasta que una relación no se concluye definitivamente, no puede crearse otra.

Aunque sientas en tu corazón que esa historia está terminada, el hecho de conservar las fotos puede evitar que encuentres a la persona a la que verdaderamente estás esperando.

Puedes conservar las fotos grupales donde haya más de cinco personas o fotos tuyas que fueran tomadas por tu ex, pero te aconsejo tirar aquellas donde esté solamente la pareja.

Es aconsejable tirar las fotos envueltas en una tela blanca

Las fotos pertenecen al elemento agua, de ahí que sea mejor tirarlas en una mañana de sol y envueltas en un tejido blanco, que es un elemento madera. Los días soleados poseen un fuerte chi de fuego y por eso ayudan a purificar las ataduras del pasado. Si se trata de una foto especialmente emotiva, es mejor que la tires en un contenedor que se encuentre en un lugar más alto con respecto a tu casa, por ejemplo: en el basurero de un parque que se encuentre en un cerro o colina, para romper la mala suerte que carga. Si se trata de una sola foto es mejor tirarla envuelta en tela o papel, doblándola en dos, mientras que, si son varias, se aconseja colocarlas todas en el mismo sentido. Para quien tenga esta posibilidad, resulta muy efectivo quemarlas en las hogueras rituales de fin de año en los templos budistas o sintoístas. En ese caso, es importante llegar al templo a medianoche.

Si no se corta definitivamente con una relación ya terminada, no puede comenzarse una nueva en un sentido verdadero. Quien tenga fotos de este tipo, que ponga en práctica todo esto.

Atrae la buena suerte desprendiéndote de las joyas que no usas

Si te desprendes de las joyas de forma correcta, recibirás el favor del elemento metal

Las joyas pertenecen al chi del metal, que influye sobre la riqueza y nuestros momentos de placer y esparcimiento, en consecuencia, si se poseen muchas alhajas o piedras preciosas que no se usan, esto es un freno en nuestra economía y en nuestro ocio. En lo que concierne a las joyas, más que focalizarte en el hecho de lo difícil que es deshacerte de ellas, piensa en cómo mejoraría tu bienestar si no las tuvieras. Cuando se trata de tirar objetos con piedras naturales es especialmente importante seguir un procedimiento correcto para mejorar tu condición económica.

El punto clave es arrojar las joyas a una corriente de agua

Lo mejor es tirar las joyas que no necesitas a una corriente de agua y el mejor horario es entre las dos y las cinco de la tarde. Sin embargo, es aconsejable tirar los objetos recibidos por personas que no nos caen bien o que nos traen malos recuerdos por la mañana. Otra opción es arrojarlas a un río o lago cuando se va de viaje a algún lugar especial. Si se trata de un regalo de una persona con quien quieres romper la relación, lo mejor es tirarlo, no a un río ni a un lago, sino al mar. En el caso de una joya engastada, antes de tirarla, hay que dormir con ella debajo de la almohada durante nueve días, tres como mínimo, para armonizar el chi y lograr un aumento de la suerte. En caso de que tengas un deseo sin cumplir, piensa en él antes de dormir y una mañana de sol (antes del mediodía), lava la joya en agua y déjala al sol, de esta manera obtendrás un resultado más positivo todavía.

Esto es todo lo que se puede decir sobre cómo mejorar tu condición deshaciéndote de las joyas que has dejado de usar. ¡Intenta liberarte de ellas sin pensar que es una pena o un desperdicio!

¿Qué significado tienen las horas según el Feng Shui?

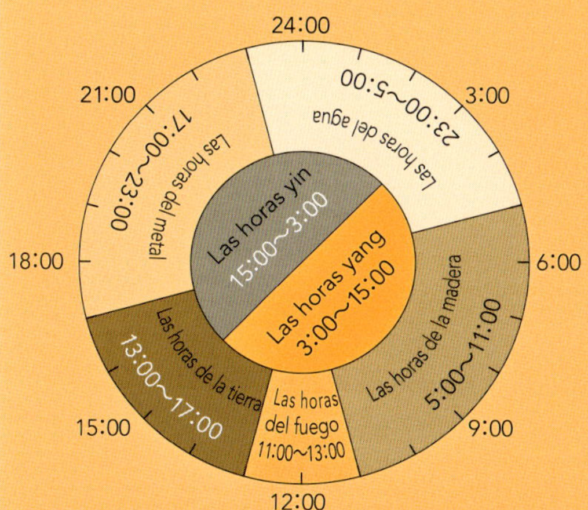

En el Feng Shui se cree que las horas también están relacionadas con el destino. Las horas de la mañana están regidas por el elemento madera y son aquellas en las que nace la buena suerte. De las actividades de la mañana depende el advenimiento de un evento favorable. El horario del almuerzo está regido por el elemento fuego y transmite energía, mientras que la noche está bajo el elemento agua y son las horas donde hay chi negativo.

Los regalos están impregnados de la energía de la persona que te los da

Los regalos de personas afortunadas contienen una carga de energía positiva

Un regalo hace de intermediario con la suerte de quien te lo regaló. Si se trata de un presente recibido de una persona positiva, será un objeto que te ayudará en la vida, mientras que, si lo recibes de alguien negativo o con quien no te llevas bien, no podrá ser fuente de felicidad porque encierra en sí la suerte de quien te lo regaló. Especialmente este es el caso de las carteras, que encierran la suerte económica: si se reciben de una persona que tiene un buen nivel económico, esa cartera atraerá cambios positivos en tu economía, porque encierra la positividad de la persona de quien la recibiste. Lo mismo ocurre también en el caso contrario, cuando recibes una cartera de una persona que tiene más problemas económicos que tú, sin duda será un objeto que no te ayudará, sino que tendrá un efecto negativo en ti.

Es aconsejable deshacerse de los regalos recibidos de personas negativas

Te aconsejo deshacerte de los regalos recibidos de personas negativas, independientemente del valor económico que tengan. En el caso de que se trate de un regalo recibido por una persona que odias, puedes regalárselo a alguien que no conozca a la persona de quien originalmente lo recibiste. Esto es posible porque, si esa persona no conoce a quien lo compró, el objeto no puede ser usado como intermediario del chi entre ambas.

Para deshacerte de este tipo de regalos, y siempre respetando el medioambiente, deberás arrojar al mar solo las joyas con piedras naturales y siempre antes del mediodía. En el caso de los objetos de cerámica, antes de tirarlos hace falta romperlos un poquito; y en el caso de objetos de papel, como los libros, se debe romper al menos una página. En cualquier caso, es preciso deshacerse de ellos en días de sol y no muy fríos.

Si hay algo que realmente quieres conservar, puedes exponerlo al sol y al humo de un incienso agradable, de fragancias preferentemente frescas, y no dulces.

Conservar cartas y tarjetas de felicitación es negativo para ti

Conserva solo las cartas de contenido positivo y colócalas cerca de una ventana muy soleada

Las tarjetas de felicitación y las cartas son de las cosas más difíciles de tirar. Según el Feng Shui, el papel pertenece al elemento madera, por lo que, si se conservan documentos viejos y cartas, esto puede repercutir negativamente sobre tu juventud, que se relaciona con el elemento madera, y con tu progreso personal y laboral. En este caso también hay que considerar el chi de la persona que escribió la carta, si la recibiste de una persona que no te cae bien o si el contenido de la carta no es afectuoso, lo mejor es tirarla. Si se trata de una carta normal, se puede tirar sin ningún procedimiento especial, pero en el caso de cartas que tengan mensajes desagradables, es mejor tirarlas envueltas en papel blanco.

El mejor momento es siempre antes del mediodía. En cuanto a las cartas que contienen buenas noticias, que hablan de amor, o las cartas escritas por una persona querida, es

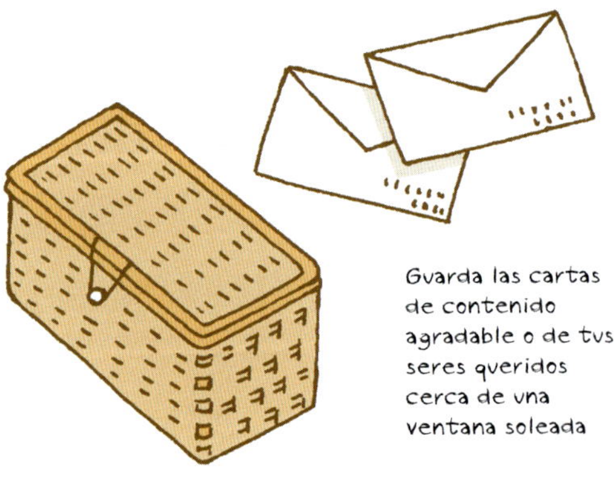

Guarda las cartas de contenido agradable o de tus seres queridos cerca de una ventana soleada

mejor guardarlas en una caja no hermética, en un ambiente soleado y cerca de una ventana.

Las tarjetas navideñas y de año nuevo hay que tirarlas antes del solsticio de primavera

Si se guardan las tarjetas de años pasados, estas impiden absorber el chi positivo del año presente. Deshazte de ellas antes de que comience la primavera.

El día que vayas a hacerlo, coloca unas flores rojas en la entrada o en la sala para mejorar las relaciones personales e incentivar las nuevas amistades en el año que está comenzando.

Decídete a conservar solo las cartas de contenido positivo y a no guardar durante mucho tiempo las tarjetas de felicitación de año nuevo.

Borra del ordenador los archivos que ya no necesitas

Uno de los lugares donde es fácil acumular documentos inútiles es el ordenador. Conservar correos o archivos que ya no necesitas tiene un efecto negativo sobre tus relaciones personales y amorosas. ¡Prestemos atención a no provocar una disminución del chi positivo del ordenador y borremos los archivos innecesarios! Elimina todos los correos y archivos recibidos por personas que no aprecias o que tengan contenido poco agradable, pero conserva los correos de tus seres queridos y de contenido positivo. Todo esto ayuda en las relaciones con las personas y propicia cambios positivos.

Además, conservar archivos inútiles puede disminuir tu iniciativa y te puedes volver reticente a aceptar nuevos desafíos. Es mejor mantener el ordenador con pocas carpetas, pensando también en su funcionalidad, y cambiar el salvapantallas y el fondo de escritorio, lo cual incrementará tu capacidad de aceptar desafíos.

¡Atención al papel que sobra en la oficina!

Es fácil acumular documentos y revistas, pero todos estos artículos de papel pertenecen al elemento madera y perjudican a la juventud y al éxito laboral. Hay que prestar especial atención en el trabajo, donde a menudo se acumulan muchos documentos sobre el escritorio, y los cajones se llenan de papeles inútiles y en desorden, mientras que los documentos importantes acaban olvidados en el fondo de alguna caja… Es más que probable que una persona que permite que su trabajo esté inmerso en el desorden desperdicie oportunidades y no atraiga buena suerte en el campo laboral. Lo recomendable es, una vez finalizada una determinada tarea, deshacerse de los documentos y poner en orden el escritorio. Además, es importante conservarlos en posición vertical, porque si se apilan en horizontal, la buena suerte queda perjudicada por los documentos que se encuentran en la base de la pila. ¡Las oportunidades de trabajo nacen de un escritorio en orden! Libérate de los documentos inútiles.

Las muñecas y los peluches absorben la energía

Conserva solo tus dos o tres peluches favoritos

En el Feng Shui se piensa que las muñecas y los peluches son como nuestros coinquilinos con quienes compartimos el chi. Si, por ejemplo, tu familia está compuesta de cuatro personas, el chi positivo se divide entre ellas, pero si hubiese un peluche, el chi se tendría que dividir entre cinco.

Esto vale para cualquier muñeca o peluche con forma de animal, independientemente de su tamaño. Por lo tanto, si posees muchos peluches, el chi positivo disminuye. Aconsejo conservar como mucho dos o tres y evitar colocarlos en la entrada, que es la puerta de ingreso del chi. Hay otros objetos, como cajas para pañuelitos o llaveros, que, aunque tengan forma de muñeco no pertenecen a esta categoría.

Cuando tires una muñeca o peluche, ten cuidado de no ensuciarle la cara

¿Cómo es mejor proceder en este caso? Lo primero es envolver por completo la muñeca o el peluche, o al menos solo la cabeza, con tela o papel natural para evitar que la cara se ensucie.

El hecho de que se ensucie la cara podría significar la pérdida de belleza del dueño. Tampoco se aconseja usar bolsas de plástico o materiales sintéticos y, si es una muñeca con el pelo largo, es mejor atarlo. Escoge un día soleado y tíralo todo fuera de casa como haces con la basura.

Es mejor no colocar las muñecas en un estante bajo

Si, por el contrario, tienes muchas muñecas que no logras tirar, guárdalas en cestas de mimbre y, según la estación, decora la casa con algunas de ellas. El hecho de exhibirlas incrementa el chi, de modo que conservarlas deja de ser un problema. Pero debes tener cuidado, porque si las almacenas en cajas de plástico es más fácil que se acumule el chi negativo.

Otra cosa que se ha de evitar es colocar las muñecas y peluches en un lugar cerca del suelo, ya que ahí se concentra el chi de la tierra, que es el responsable de la suerte de la casa y de la familia. Por eso, al colocar ahí una muñeca, su presencia se haría más fuerte y absorbería más chi.

Decídete a conservar solamente las muñecas que te más gusten y exhíbelas en el lugar apropiado.

Conserva solamente objetos que evoquen momentos y sentimientos importantes de las personas que ya no están

Liberarte de todas las pertenencias posibles te ayudará a superar la tristeza

Las fotos o las pertenencias de los fallecidos provocan muchos recuerdos y deshacerse de ellas resulta doloroso. Pero, y me disculpo si digo algo un poco fuerte, según el mundo de las relaciones entre el yin y el yang del Feng Shui, los objetos de los fallecidos son yin al no estar vivos sus dueños.

En el Feng Shui, las casas de las personas que están en vida son yang, mientras que la casa o la tumba de un fallecido es yin. Las personas que sobreviven tienen que superar la tristeza y vivir felices. Por eso es muy importante eliminar cuanto sea posible los aspectos yin de nuestro alrededor. Todos los objetos de un fallecido dejan un profundo recuerdo para ambas partes[4], por lo que es aconsejable tirar cuanto podamos y cortar ese lazo.

4. Para los orientales puede quedar una ligadura con el difunto que le impide seguir su camino espiritual, si se guardan demasiadas pertenencias suyas.

¿Cuál es el momento idóneo para deshacerse de estos objetos?

Los días más adecuados son los que acaban en siete, además del catorce y del treinta y uno. Es mejor evitar los días nublados o de lluvia. Después de haberlo tirado todo, se aconseja quemar incienso de sándalo o de cítricos en la sala y en dirección noroeste, y airear mucho la casa.

Expón la ropa y las joyas al sol de la mañana

En el caso de que quieras utilizar alguna prenda o joya que haya pertenecido a un familiar cercano ya fallecido, es mejor exponerla al sol durante toda una mañana. En cualquier caso, no se trata de conservarlo todo, sino solamente algunas pertenencias que te recuerden a ese ser querido, para que se conviertan en amuletos para la familia.

¡Supera la tristeza paso a paso y libérate de algunas cosas!

Cambia el marco cuando coloques en casa la foto usada para el funeral de un ser querido

Esas fotos nos devuelven a un momento doloroso en sí, y aunque es muy importante guardar algunas imágenes por el recuerdo que encierran, no se aconseja usar el mismo marco que se utilizó en el día del funeral. Puedes colocar la foto en casa, pero cambiando el marco, lo cual le proporcionará un nuevo chi y se transformará en un elemento protector para la familia. Es bueno elegir marcos de madera y de colores naturales, ya que ayudan a eliminar el chi yin del funeral.

Entonces, ¿cómo hay que proceder con los marcos viejos? Tira el marco usado en la ceremonia en el aniversario del primer mes del fallecimiento, envolviéndolo en tela. Este marco encierra el chi del día de la muerte y al cambiarlo el yin de la tristeza pierde fuerza y nace un nuevo chi en la familia. Otra razón por la que es necesario cambiar el marco de las fotos es para hacer que la persona fallecida continúe perteneciendo a la familia.

Devuelve los amuletos y talismanes cada año

Devuelve los objetos sintoístas a un templo sintoísta y los budistas a un templo budista

Esta es una cuestión específica de Japón, donde hay mucha gente que tiene dificultades para saber cómo comportarse con los amuletos y los talismanes. Según el Feng Shui, su eficacia dura un año. Si los conservas año tras año, aunque compres otros, no funcionarán, e incluso podrían tener un influjo negativo. Generalmente se sabe que no hay que tirarlos a la basura, por eso la mejor opción es devolverlo a un templo sintoísta o budista. No es necesario que sea el mismo templo donde los compraste, lo importante es que se devuelvan: los que pertenecen al sintoísmo a un templo sintoísta, y los que son budistas a un templo budista. Lo mismo se aplica también para las hojas de vaticinio[5] , etc.

Las mujeres tienen que devolverlos en los días pares y los hombres, en los impares

Cualquier día está bien, pero, si queremos tener más suerte, las mujeres deberán ir en los días pares y los hombres, en los impares. Así se consigue un nuevo chi más propicio.

5. *Omikuji:* tiras de papel que contienen predicciones divinas y oráculos. Se adquieren en los templos sintoístas o budistas en ocasiones especiales del año para conocer el porvenir que nos espera.

Es mejor devolver los amuletos para el trabajo o el amor antes del mediodía, mientras que el mejor horario para lo que tiene que ver con la salud, la familia y el matrimonio es después de las 13:00, aunque en ambos casos hay que evitar devolverlos después de las 16:00.

Si quieres conservarlos en casa, es aconsejable guardarlos en un cajón de un mueble de tu dormitorio que esté dispuesto hacia el oeste o el norte.

Si se trata de una *hamaya* (flecha espantademonios), ten cuidado de no dejarla en un lugar donde alguien se pudiera hacer daño con la punta.

Los objetos recibidos en un templo sintoísta o budista son de gran ayuda para tu porvenir, de ahí que sea importante saber cómo tratarlos de forma respetuosa.

Cómo conservar la libreta en la que coleccionas los sellos de los templos

En principio, esta libreta es un objeto que debe conservarse, pero mucha gente la usa con ligereza, lo cual es justamente lo que hay que mejorar. Si sientes que tienes que deshacerte de ella o si pertenecía a un pariente tuyo, dirígete a un templo, explica la situación y, después de hacer una ofrenda o una obra de caridad, pide el favor de poder quemarla en una hoguera.

En el caso de que haya pertenecido a un pariente fallecido, otra opción es quemarlo junto con el cuerpo, aunque este no es un método aconsejado por el Feng Shui.

Atención a los objetos puntiagudos

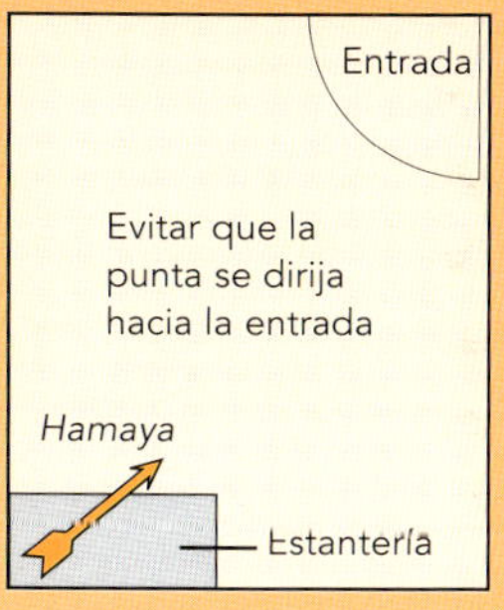

Hay que prestar atención al lugar donde apoyamos algunos objetos puntiagudos como las *hamaya*. Si la punta se dirige hacia la entrada del cuarto, simbólicamente esto no tiene un significado positivo, ni para la suerte, ni para la salud. De modo que, para todos los artículos puntiagudos en general, no es aconsejable colocarlos hacia la entrada de una habitación.

Atención a los objetos que guardas en los cajones

Los recuerdos de boda podrían absorber el chi positivo

¿No pasa a menudo que se guarda esta clase de objetos sin haberlos usado? Intenta utilizar los regalos recibidos en las bodas o en otras celebraciones, porque absorben la buena suerte de ese día. Sin embargo, si hay algo que no es de tu gusto o que no tiene sentido usar, puedes tirarlo. Quizá te provoque sentimiento de culpa, pero si lo conservas sin darle uso, tu buena suerte disminuirá.

En casos de divorcio, lastimosamente y aunque se trate de objetos de tu gusto, es mejor tirar esos recuerdos.

¿Qué debe hacerse con los regalos relacionados con momentos tristes?

Aconsejo deshacerse de los regalos recibidos en momentos tristes de la vida, especialmente si son toallas o pañuelos, ya que absorben el yin. Si quieres usarlos, tendrás que quitarles un hilo y quemarlo, mientras que, en el caso del té o chucherías, hay que tirar antes una parte en un cubo de basura que esté fuera de nuestra propiedad. Esto no vale, aunque la persona fallecida tuviera una vida larga y muriese de forma natural. Conservar sus pertenencias por pena, hará que se transformen en un semillero de mala suerte.

¡Examina bien todas tus pertenencias!

Acumular la vajilla que no usas perjudica la salud y el espíritu emprendedor

Conservar en la despensa la vajilla que no usas puede convertirse en un lastre para tu salud

La comida es fuente de vida. Por eso, cuando comes es importante usar vajilla que te guste. Guardar objetos en la cocina que no usas porque ya no te gustan solo porque te da pena tirarlos, no solo tiene efectos negativos sobre tu salud, sino también en tu capacidad de acción y tus ganas de vivir.

Cuando tiras un utensilio que no necesitas, es mejor romper una parte para evitar que acumule mala suerte. Es importante hacer esto especialmente en el caso de tazas y tazones, porque se usan mucho y son muy personales.

Si la vajilla no guarda recuerdos especiales, se puede tirar tal como está. Uno de los pilares del Feng Shui es determinar lo que se necesita y lo que no, y acto seguido proceder a eliminar lo que no necesitas.

Epígrafe

¿Deshacerse de algunas cosas mejora las relaciones personales?

En el Feng Shui se considera que una persona que no es buena deshaciéndose de las cosas se puede bloquear fácilmente en las relaciones personales. El chi que inspiran los nuevos encuentros nace del «aire», no obstante, en una casa donde hay demasiadas cosas no puede circular ese «aire», y en consecuencia no puede surgir ese chi.

Si te sientes un poco bloqueado con los demás, analiza las cosas que posees y deshazte de las que sean inútiles.

Hay que prestar especial atención a la ropa, porque si acumulas mucha ropa vieja o que no te pones, se vuelve caldo de cultivo de energía yin y el «aire» se detiene.

¡No necesitas esa ropa que hace dos años que ya no te pones, y si la guardas solo porque te da pena, perjudicarás tu buena suerte!

¡Libérate de la ropa que no te pones lo antes posible!

Capítulo
2

El arte de ordenar la ropa para atraer la prosperidad

En el Feng Shui se cree que los tejidos están relacionados con nuestro porvenir, incluidos los encuentros con nuevas personas, y que abren el camino hacia un futuro positivo. De ahí que, para usar este aspecto a nuestro favor, tengamos que prestar atención a cómo guardamos la ropa.

Los armarios y las cómodas son huchas de la buena suerte

Un armario desordenado no puede contener buena suerte

Los lugares donde se almacenan nuestras cosas, como los armarios y las cómodas, son contenedores de fortuna, que se almacena junto a la ropa.

Probemos a abrir nuestros armarios, ¿están ordenados? Si no lo están o no sabemos bien lo que contienen, esto trae efectos negativos en nuestro destino, teniendo en cuenta además que, si guardamos ropa que hace mucho que no nos ponemos, estamos acumulando yin.

Al contrario, si nuestros armarios están muy vacíos y casi inutilizados, no habría ropa donde acumular yang, pero tampoco yin: así que tu casa será un lugar carente de buena suerte. Para que tus armarios puedan acrecentar tu fortuna es necesario guardar de forma ordenada todo lo imprescindible.

La humedad en los armarios despoja de buena suerte a la ropa

De vez en cuando es recomendable cambiar la disposición de la ropa y arreglarla de forma distinta para que haya un cambio positivo en el flujo del chi y de nuestra fortuna.

Si queremos que nuestros armarios sean un ambiente lleno de buena suerte, tenemos que prestar atención a la humedad. Si hay humedad, comenzará a circular el chi negativo del agua y disminuirá no solo la carga positiva de los armarios, sino también la de la ropa que contienen. Se puede recurrir a varias técnicas para que no haya humedad en casa, como usar deshumidificadores o ventilar bien. Además, es útil emplear minerales que emanen iones negativos como el carbón o la turmalina y elementos que tienen una acción desinfectante como el bicarbonato de sodio. Si el aire que se respira está limpio, se acumula buena suerte.

Los puntos claves del orden según el Feng Shui

1 Guarda solo los artículos necesarios y de forma ordenada:

Un armario en desorden no propicia la buena suerte y conservar cosas que no se necesitan acarrea efectos negativos.

2 Ordena y reorganiza tus cosas a menudo:

Revisemos nuestros armarios cada cierto tiempo. Cambiemos de sitio las cosas o tiremos lo que ya no es útil, así conseguiremos que el chi pueda fluir correctamente.

3 No permitamos que haya humedad:

El archienemigo del almacenamiento es la humedad, porque daña el ambiente y la buena suerte intrínseca a los objetos. Usemos deshumidificadores con frecuencia.

Capítulo 2

運をためる
衣類の収納

Ordenar la ropa correctamente trae felicidad a nuestra vida

Pongamos la ropa interior en los cajones superiores de la cómoda

La ropa influye considerablemente en tu porvenir dependiendo de cómo la guardes, por eso es importante prestar atención a la forma de almacenarla, especialmente la ropa interior, que el tipo de prenda que más influye en tu vida al estar más en contacto con la piel.

El equilibrio perfecto entre yin y yang, según el Feng Shui, es de sesenta por ciento de yang y cuarenta de yin. Cuanto más nos acercamos al cuerpo, el yang es más fuerte; mientras que cuanto más nos alejamos de él, es más intenso el yin. Por ejemplo: en una cómoda, el lugar más equilibrado en cuanto a yin y yang son los cajones superiores, donde es mejor guardar la ropa interior para que tenga mayor carga positiva. ¡Evitemos colocar la ropa interior en los cajones más bajos, porque los lugares cercanos al suelo tienen mayor carga de yin!

Guardar por separado las prendas de cada estación

No aconsejo poner en el mismo lugar la ropa de verano y la de invierno, o la ropa fresca y la caliente. Si mezclamos las estaciones, sería como vivir el tiempo sin divisiones. La ropa de invierno y de lana está cargada con chi yang y por lo tanto se puede colocar en los estantes inferiores de los armarios, mientras la de verano es mejor guardarla en los cajones de más arriba. Además, para lograr un buen equilibrio entre yin y yang es bueno poner las prendas oscuras en los últimos cajones y las claras en los primeros.

Una cómoda que propicia la buena suerte

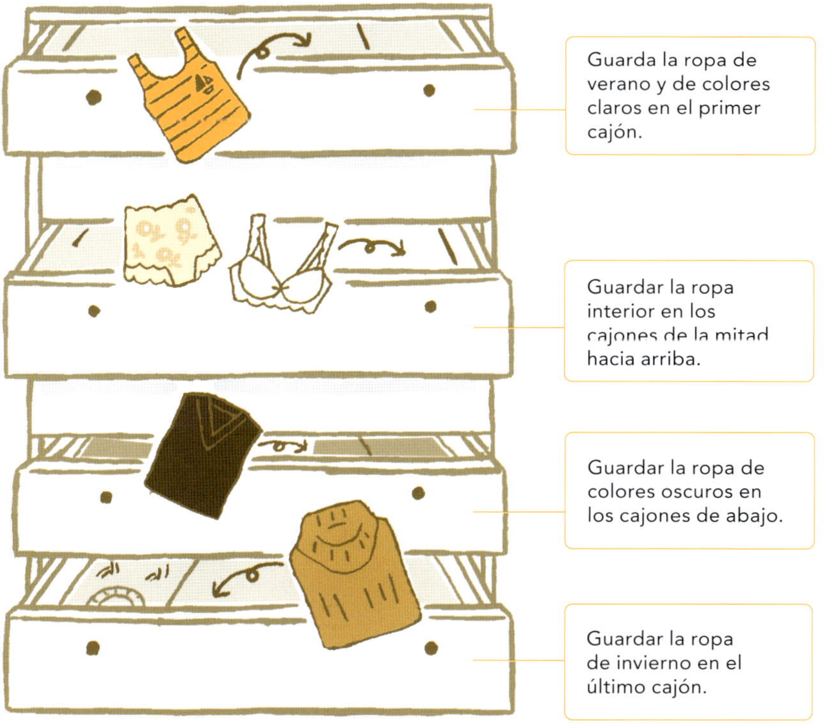

No regales a un hombre una cómoda que pertenecía a una mujer

Evitemos que un hombre use una cómoda que anteriormente fue de una mujer. En el Feng Shui, se considera que la mujer pertenece al elemento agua y el

hombre al elemento fuego, por lo tanto, una cómoda usada por una mujer contendrá mucho chi de agua y, al guardar dentro ropa masculina, esta absorberá esa energía. Si un hombre se vistiese con ropa cargada de chi agua, su energía fuego se vería afectada y podría provocar efectos negativos en el futuro.
Si no hay más remedio que usarla, antes de colocar la ropa será bueno dejar la cómoda al sol, con los cajones abiertos, durante tres días.
Si se trata de una cómoda compartida por una pareja o por hermanos, es mejor que el hombre usara los primeros cajones y la mujer los últimos, distinguiendo ambas partes con ambientadores de menta o eucalipto para el hombre y de rosa o de fruta para la mujer.

Un armario que no propicia la buena suerte

Las prendas más gruesas deben ir en la parte izquierda del armario

Lo primero que hay que considerar cuando se guarda la ropa es no juntarla con los zapatos, porque estos absorben las distintas energías de los lugares por donde pisamos: si los colocamos con la ropa, esta se contaminaría.

Hay que recordar también que las prendas femeninas, que pertenecen al elemento agua, tienden a absorber el chi del ambiente y a mezclarse con él.

La ropa está directamente relacionada con nuestro futuro, por lo que, si te pones ropa impregnada de chi contaminado, esa energía te afectará a ti también.

Guarda la ropa de invierno y de colores oscuros a la izquierda del armario y la ropa de verano y de colores claros a la derecha. Cuando recoges una prenda de la tintorería, evita guardarla con el plástico que la recubre, pues el plástico es elemento fuego y quemará la buena suerte de esa prenda.

Cómo colgar la ropa en el armario

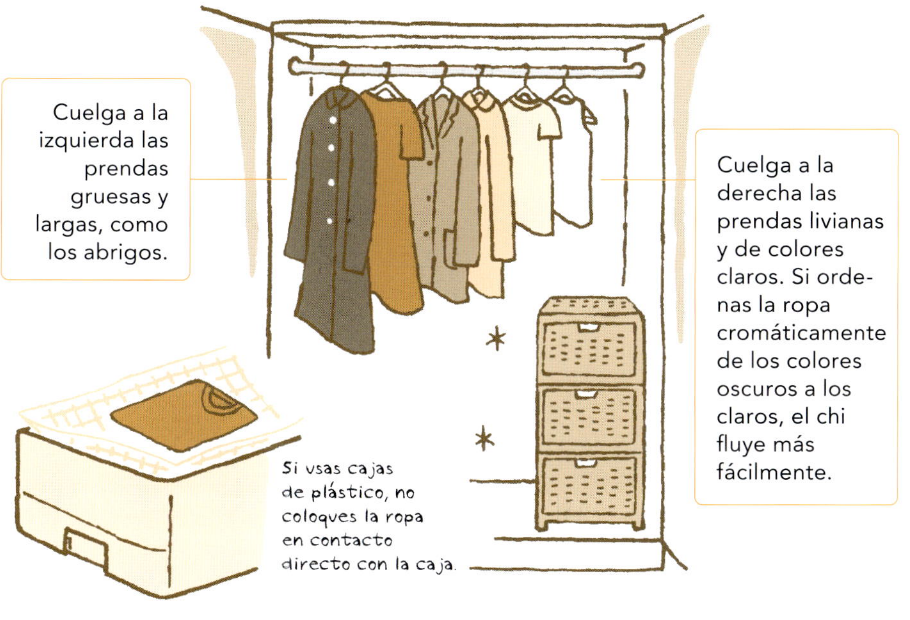

Cubre las cajas de plástico con una tela

Evita que los estantes y las cajas para la ropa sean de plástico, ya que los objetos de plástico contienen chi fuego negativo y queman la buena suerte contenida en las prendas.

Los materiales más aconsejados para almacenar son la madera y los materiales permeables, como el mimbre y el cartón.

Si tienes que usar necesariamente una caja de plástico, intenta que el plástico no entre en contacto directo con la ropa, forrando la caja con tela.

En el caso de las mujeres hay más tendencia a absorber el chi presente en la ropa, por lo tanto intenta conservarla siempre muy bien, así mejorará tu porvenir.

Aumenta tu suerte

Cómo doblar y guardar la ropa

La ropa es un elemento que absorbe fácilmente el chi. Aquí abajo explico cómo doblar la ropa para que no se disperse el chi. ¡Vistámonos con ropa que esté cargada de energía positiva, y seremos personas afortunadas!

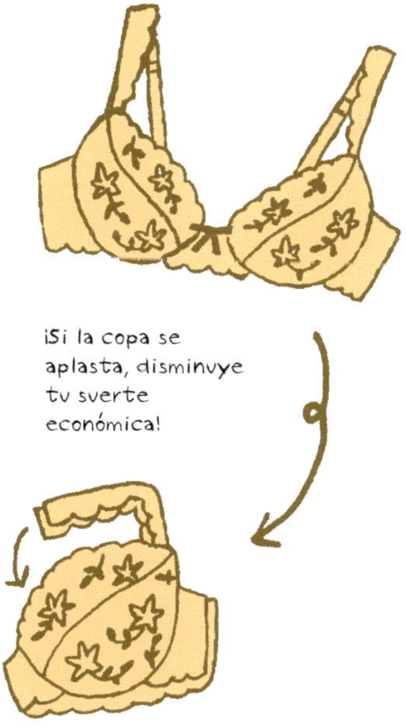

Las copas de los sujetadores, símbolo de prosperidad

Las copas de los sujetadores simbolizan el éxito económico, pliégalas una sobre la otra sin aplastarlas. Cuando guardes los sujetadores, ordénalos cromáticamente poniendo en el fondo los de colores claros y en la parte delantera los de colores oscuros.

Guarda las braguitas de colores más claros en la parte delantera del cajón

El orden para almacenar las braguitas es las de colores más claros en la parte delantera y, en la parte del fondo, las de colores más oscuros.

Guarda los calcetines en parejas

Los calcetines y las medias representan las relaciones humanas. Cuando los dobles, empaséjalos siempre. Si se dispersan en el cajón, producirán un efecto negativo sobre tu relación con los demás y pueden provocar incluso que circulen rumores negativos sobre ti.

No coloques los calcetines viejos al fondo, ya que eso influiría negativamente sobre tu capacidad de acción. Si guardas los calcetines viejos durante mucho tiempo, disminuirá tu fortuna: pon atención en este aspecto.

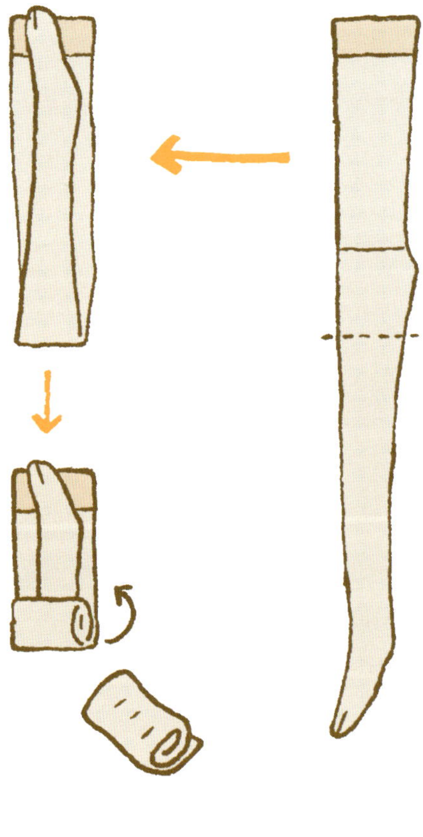

Enrolla las medias hacia la parte superior

En el caso de las medias, guárdalas enrolladas. Después de haberlas doblado por la mitad, enróllalas yendo hacia el interior. Su vida útil es bastante corta. Cuando se queden viejas, tíralas sin pensarlo mucho, sobre todo las que estén deshilachadas, ya que pueden tener un efecto negativo sobre tus relaciones personales y amorosas. Se puede mantener un equilibrio en la suerte guardando las más simples delante y, al fondo las que sean más gruesas y elaboradas.

Deja visible el cuello de las camisetas y camisas

Aquí veremos la mejor forma de doblar las camisetas y camisas. Puedes doblar las mangas como quieras, pero es indispensable doblar el cuerpo central por la mitad. Si se conservaran enrolladas, no esparcirán la buena suerte ni absorberán el chi positivo. Se pueden dejar así o enrollarlas desde del cuello. De esta forma, habrá un aumento de la buena suerte.

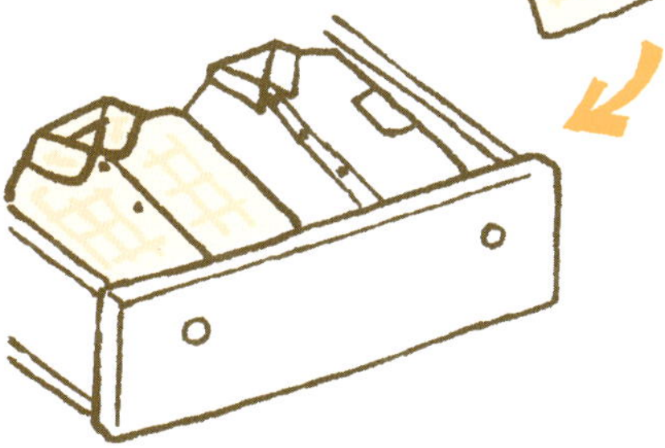

Ten cuidado de no enrollar estas prendas con el cuello hacia adentro: esto provoca que el chi se quede bloqueado en su interior.

Cuando preparemos la maleta, siempre es más cómodo enrollarlas y, si además les colocamos un lazo, incrementaremos nuestra fortuna y eso nos ayudará a tener encuentros positivos durante el viaje.

Cuando se guardan dobladas por la mitad, es mejor colocarlas en la parte delantera del cajón para no desperdigar la buena suerte.

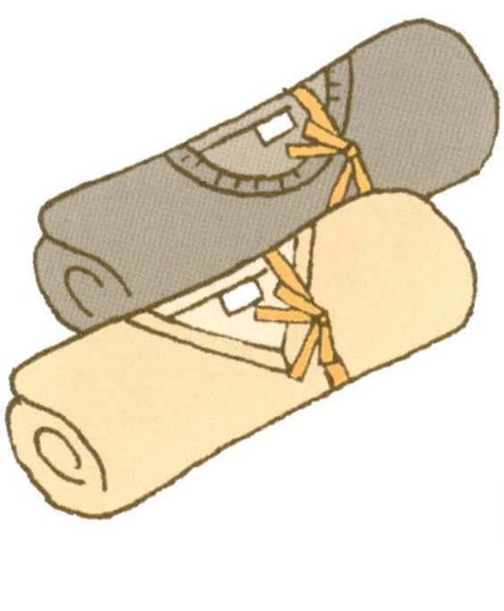

Qué hacer para hacer que las faldas no pierdan su chi positivo

Si la percha es de dos pinzas, se pueden colgar tal cual, pero si la percha es de una pinza grande, es mejor no doblar la falda por la mitad sino en tres partes, llevando los laterales hacia dentro. De esta forma no perderemos el chi.

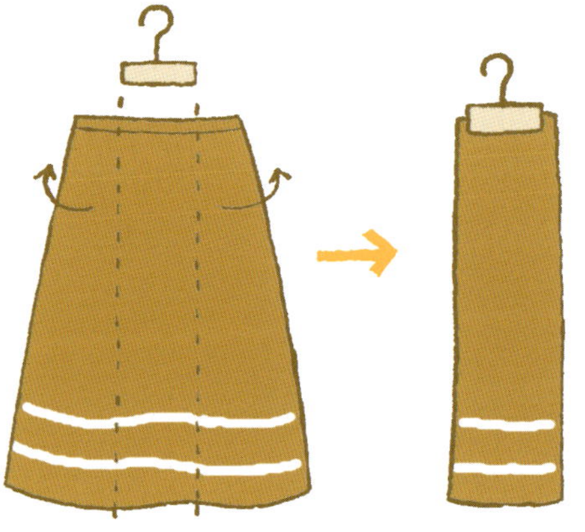

Cómo guardar los pantalones para aumentar el ahorro

Dobla los pantalones por la mitad uniendo los bordes. Luego, dóblalos otra vez (y si son largos, dóblalos en cuatro). Colócalos en el cajón con la parte de la cintura al fondo. Así aumentaremos el ahorro y evitaremos el derroche de dinero.

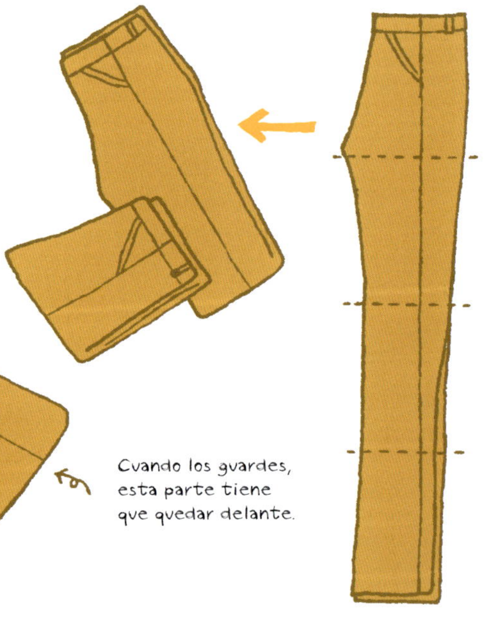

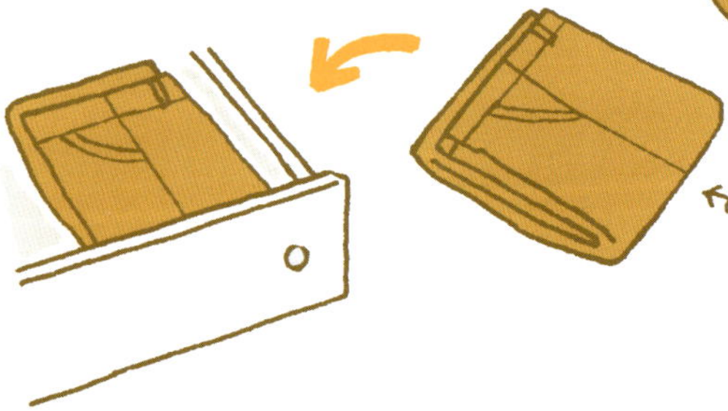

Corbatas: enróllalas para establecer bases firmes en tu vida

Aquí vamos a hablar de los objetos que se colocan alrededor del cuello, como las corbatas y bufandas. Se dice que la fortuna entra por el pecho, de modo que es muy importante guardar correctamente estas prendas. En primer lugar, los hombres que quieran aumentar su suerte o poner bases sólidas en su vida deben guardar las corbatas enrolladas, en los estantes superiores del armario. Por otro lado, los que quieran tener éxito en el trabajo y aumentar su carisma, han de colgar las corbatas en una percha específica para corbatas y colocarlas en la parte izquierda del armario. Ordenándolas por color y tonalidad se puede reforzar la carga positiva contenida en ellas.

No pongas las corbatas una encima de la otra y ordénalas cromáticamente.

Guarda los pañuelos con la marca bien visible

Dobla los pañuelos formando un cuadrado y con la marca bien visible. Se pueden apilar, pero si los enrollas y los colocas en una cajita, propician la buena suerte.

Las bufandas en un cajón superior

Es aconsejable guardar los accesorios que se colocan sobre los hombros o el cuello como las bufandas, estolas y pañuelos en uno de los cajones superiores. Más concretamente, en el caso de las bufandas es mejor guardar debajo las de color oscuro y arriba la de colores claros. Si separamos los pañuelos de tejidos finos, como el chifón, de los gruesos, mejorarán nuestras relaciones con los demás. Prueba a colocar saquitos perfumados en esos cajones y verás cómo mejoran tus relaciones sociales y tu vida amorosa.

Un último consejo

Cuidado con los popurrís de flores viejas

Según el Feng Shui no hay que usar flores secas, pero el popurrí está aceptado. Sin embargo, en cuanto pierda su perfume habrá que agregar unas gotas de aceite esencial.

Enróllalos si aspiras a tener éxito económico.

Formas de guardar los cinturones según la suerte que desees atraer

Los cinturones son accesorios que se colocan en la cadera, que es donde se equilibra el chi de la zona del estómago y del intestino. Por lo tanto, si se dejan en desorden, se podrían sufrir problemas en el aparato digestivo.

La forma de guardarlos cambia según la buena suerte que se necesite: en el caso de personas que aspiren a tener éxito económico, se deben enrollar y colocar en un cajón de la mitad inferior de la cómoda. Para quienes quieran mejorar sus relaciones y su vida amorosa, hay que colgarlos en perchas para cinturones en la parte derecha del armario.

Otro punto importante es colocar los que son de temporada delante y los genéricos detrás.

Si quieres tener éxito en el amor, cuélgalos en perchas para cinturones.

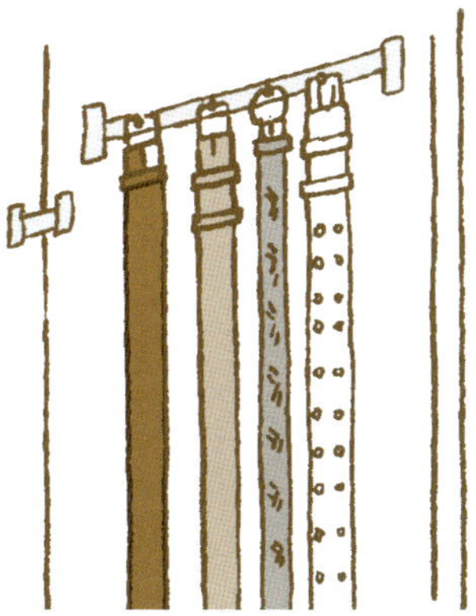

Guarda los gorros en la parte superior del armario

Al llevarlos en la cabeza, se considera que los gorros son «objetos del cielo» y se han de guardar en la parte alta del armario. Se pueden poner uno encima del otro, cuidando de no deformarlos. En el caso de las viseras, se puede doblar la parte posterior cuidando de no echarlas a perder.

Bolsos: colguémoslos y tendremos más iniciativa

Está bien colgar bolsos que usas a menudo.

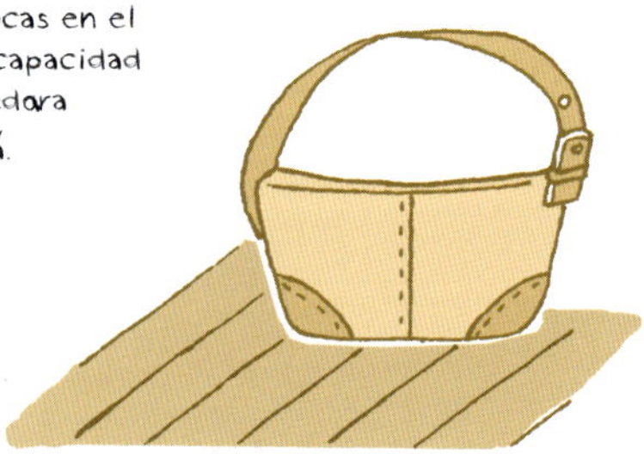

Si los colocas en el suelo, tu capacidad emprendedora disminuirá.

Los bolsos son accesorios que nos confieren capacidad de iniciativa. En el Feng Shui se considera que una persona con esa capacidad es propensa a tener buena suerte, de ahí que sea muy importante prestar atención a cómo se guardan los bolsos. Lo esencial es no colocarlos directamente sobre el suelo, porque esto provocará problemas en nuestra cadera y se ralentizarán nuestros movimientos. El chi del movimiento, que encierra la capacidad de acción, se encuentra en las zonas altas, por eso se han de guardar los accesorios que simbolizan la capacidad de iniciativa, como los bolsos, a una altura superior a la cadera.

Si quieres tener siempre capacidad de adaptación e iniciativa, te aconsejo guardar los bolsos colgados en un perchero, así te convertirás en una persona hábil frente a los desafíos. Es aconsejable guardar los bolsos para ocasiones especiales o vacaciones, que no usas a menudo, en un lugar lo más alto posible. Además, ten cuidado de no dejar cosas que no usas en el interior de los bolsos, ya que esto podría provocar malentendidos con los demás sobre tus acciones.

Si dejamos objetos en un bolso que no usamos, se generarán incomprensiones hacia nosotros.

Epígrafe

¿Sería mejor no usar las perchas de la lavandería?

Para quien tenga mucha ropa, las perchas de alambre que nos dan en las lavanderías son algo muy agradecido. Sin embargo, según el Feng Shui, si llenamos nuestro entorno con objetos baratos, nuestra suerte será de la misma naturaleza. Es mejor evitar los accesorios que parezcan baratos, aunque comprendo que también es un gasto comprar perchas. Lo que aconsejo en este caso es colgar en perchas de buena calidad los abrigos y las prendas caras, mientras que las prendas más baratas, las que usamos a diario y aquellas que sean más ligeras pueden colgarse en las perchas de alambre sin ningún problema.

Otra técnica para eliminar el chi negativo presente en las prendas baratas es atar un lazo en la parte superior de las perchas.

Capítulo

3

El arte de organizar la cocina para propiciar beneficios económicos

La cocina es un espacio fundamental para el porvenir económico.
Es importante que los utensilios tengan armonía cromática.
Si todo está en desorden, esto perjudicará no solo
tu condición económica, sino también tu salud.
Detente a observar tu cocina para evitar perjudicar tu futuro.

No mezcles el elemento agua y el elemento fuego

Coloca debajo del fregadero los utensilios para la cocina y el agua mineral

La cocina es un lugar fundamental para el éxito económico, por lo que nuestra suerte puede cambiar considerablemente en el campo económico dependiendo de cómo la tengamos organizada. Son de especial importancia la zona del fregadero y los fogones, porque del orden de esas zonas se determina si esa casa gozará o no de una buena situación económica.

Hay que evitar poner comida o condimentos debajo del fregadero, porque allí el chi del agua es muy fuerte, mientras que la comida y los condimentos, al ser elementos necesarios para la vida, poseen el chi del fuego.

En resumen: si colocas debajo del fregadero alimentos y especias, entrarán en contacto dos elementos en contraposición, el agua y el fuego, y el equilibrio se rompería.

Una cocina así no propicia la buena suerte

Hay ollas a la vista.
Si hay siempre cuencos y ollas a la vista, la buena suerte se detiene. Presta atención a este punto porque puede convertirse incluso en una carga para tu cuerpo.

En la nevera hay pegadas notas y recordatorios.

En el escurridor hay varios platos y ollas.
Si dejas los platos limpios en el escurridor, tus ingresos no podrán aumentar.
El escurridor es donde se dejan los platos hasta que se secan.

Usar las bolsas de la compra para la basura.
Los objetos de plástico queman la suerte económica, de ahí que sea mejor poner las bolsas de plástico dentro de bolsas de papel evitando que sobresalga el plástico.

Se conserva el aceite debajo del fregadero.

Se guardan los alimentos en el sótano.
El sótano es un lugar con una fuerte carga de yin agua, por lo que, si conservamos la comida allí, el elemento fuego contenida en ella se perderá. El único alimento que está bien conservar en ese lugar es el *nukadoko**, que pertenece al elemento tierra. También se puede guardar la vajilla.

* Masa de arroz y sal que se usa para preparar verduras encurtidas.

Como consecuencia, la carga positiva que posee la cocina disminuiría drásticamente. De igual manera, si conservas debajo del fregadero el aceite y la sal, que están llenos de chi fuego, o alimentos de uso diario como el arroz, podrías inclusive deteriorar la suerte económica con la cual naciste: ¡procura evitarlo!

Por tanto, debajo del fregadero es mejor poner ollas, cuencos y objetos para la cocina, cuyo elemento es el agua, o incluso el agua mineral.

Los alimentos son fuente de vida: guárdalos debajo de los fogones

Es mejor conservar los alimentos y las especias debajo de los fogones, ya que pertenecen al mismo chi del fuego. Pero, presta atención a no llenarlo de objetos de plástico, que contienen el aspecto negativo del chi del fuego, pues esto podría causar una pérdida económica provocada por el derroche o las compras compulsivas. Es aconsejable guardar los alimentos de uso diario en fiambreras de madera o de metal esmaltado. Evita además guardar las sartenes viejas y manchadas debajo del fregadero y de los fogones.

Los objetos de plástico queman la buena suerte económica.

Un último consejo

No uses estos objetos en la cocina

Aconsejo no usar objetos de plástico, que contienen chi de fuego negativo, ni objetos de color rojo: tíralos o consérvalos donde no se vean.

Puntos clave para el orden de la cocina

1 Los utensilios debajo del fregadero

Debajo del fregadero, que es de elemento agua, conserva los utensilios de cocina y el agua mineral.

2 Los alimentos debajo de los fogones

Bajo los fogones hay una fuerte carga de chi fuego, así que guarda aquí los alimentos que sean del mismo chi.

3 El arroz en recipientes de madera o metal esmaltado

No dejes el arroz en la bolsa de plástico en la cual lo compraste, porque esto disminuye su carga positiva.

4 No dejes manchas en las sartenes

Un fuerte chi fuego quema la buena suerte económica, te recomiendo que limpies las ollas y las sartenes hasta hacerlas brillar.

El frigorífico puede aumentar la abundancia

La comida caducada se convierte en causa de pérdida económica

Es algo obvio, pero el frigorífico se usa para enfriar los alimentos. Estos alimentos son de elemento fuego y la acción de enfriar es de elemento agua. En el Feng Shui hay una teoría según la cual el dinero aumenta si entra en contacto con el elemento agua. Por consecuencia, la nevera es un lugar que puede provocar el aumento de tu riqueza y no solo económica, también interior. Hay que prestar especial atención a la caducidad de los alimentos, porque los que están caducados son forzosamente caldo de cultivo yin, que es sinónimo de vejez. Si guardas muchos alimentos caducados, en lugar de ser un lugar que enriquezca nuestra economía, provocará un empeoramiento. En pequeñas cantidades se puede considerar aceptable, pero intenta no guardar comida caducada en la nevera.

El pescado en la derecha y la carne en la izquierda

Si conservamos la carne junto al pescado impediremos el diálogo en la familia, por eso es mejor evitar juntarlos. El pescado está cargado con el chi del

Un frigorífico que propicia la abundancia

Si quieres usar el lateral externo de la nevera, pon solo objetos de uso diario: para el papel de cocina aconsejo un portapapeles de madera.

movimiento, mientras que la carne es del chi de la quietud, por lo tanto, es mejor colocar el pescado en una parte más móvil del frigorífico y la carne en una parte más estática. En otras palabras, el pescado en la derecha y la carne en la izquierda.

En lo que concierne a las verduras, según el Feng Shui representan la juventud y el desarrollo. Si las conservas comprimidas, todas juntas y dejas que se echen a perder, el elemento fuego que contienen, símbolo de juventud y desarrollo, se desvanecería. Cocínalas lo antes posible y, si las guardas, comprueba con frecuencia que no se estén estropeando.

Por último, hay personas que guardan los huevos en la nevera en la misma caja de plástico en la cual se compraron, pero, ya que son un símbolo de «nacimiento», sería mejor conservarlos sin esa caja. Si los dejas así, no podría surgir la buena suerte en el campo económico.

Un frigorífico desordenado provoca pérdidas económicas

Conserva en la nevera una justa cantidad de comida, la necesaria para que sea fácil de localizar. Si no sabes con precisión qué tienes en la nevera, el efecto negativo sería la pérdida de dinero y la incapacidad de ahorrar.

Coloca las cosas que quedaban escondidas detrás bien visibles en la parte delantera para evitar que el chi se estanque. Otro elemento que perjudica la fortuna económica es conservar la leche al lado de la salsa de soja: ¡presta atención a este punto!

Ordena bien la vajilla para que el chi fluya correctamente

Conserva las tazas boca abajo en los aparadores sin puerta

La vajilla es la base de nuestro porvenir: su potencial de buena suerte depende mucho de cómo la guardemos.

En primer lugar y cuando se trate de una alacena o de un aparador sin puertas, si ponemos las tazas y los vasos boca arriba, absorberían la buena suerte, por lo que es mejor colocarlas boca abajo.

Si se trata de armarios decorativos o de diseño y se quieren colocar las tazas boca arriba, es aconsejable poner dentro unos caramelos, para evitar que absorban la suerte. Además, poniendo esos caramelos o canicas de vidrio surgiría una nueva riqueza. Si la alacena tiene puertas, no hay problema en conservar las tazas y los vasos boca arriba.

Aparadores que aumentan la prosperidad

Cuando guardas tazas y vasos hacia arriba, es mejor ponerles caramelos dentro.

Coloca los objetos de cerámica en un estante más bajo que los vasos de cristal

Se puede crear buena armonía en la alacena poniendo los objetos más pesados debajo y los más livianos arriba. Al contrario, colocar los más pesados arriba propiciaría situaciones de tensión y de restricción por parte de terceros.

Además, recuerda no poner en el mismo estante objetos de cerámica, que son elemento tierra, con objetos de vidrio, elemento agua (el vidrio es un elemento agua cuando se conserva en un lugar oscuro).

Si mezclamos tierra con agua, no habrá una buena base para la prosperidad.

Si guardas chucherías en la alacena, la posibilidad de aumentar de peso será mayor

No aconsejo conservar en la alacena otra cosa que no sea la vajilla, porque restaría su carga positiva. Más concretamente, si guardas comida o chucherías, esto podría tener efectos económicos negativos o efectos sobre tu disciplina alimenticia, provocando una tendencia a engordar.

Sin embargo, si la alacena está dividida en una parte de estantes y otra de cajones, no habría ningún problema. Si hay dos cajones, aconsejo poner los cubiertos y los palillos en el cajón de la izquierda, mientras que en el cajón de la derecha guardaría los objetos de tela, como los manteles, posavasos, paños y trapos. En caso de que haya un cajón encima del otro, aconsejo poner los cubiertos y palillos en el cajón superior.

Una alacena que propicia la buena suerte

Compra vasos de buena calidad

Si guardamos los vasos en un lugar luminoso y cálido, entonces son elementos de fuego, pero si los conservamos en un lugar oscuro y frío, son de agua. Si los llenamos con una bebida fría, se genera el chi del agua y si les ponemos una bebida caliente, será el chi del fuego. Las bebidas frías simbolizan esencialmente la figura de la mujer, ya que son elemento agua. Por lo tanto, será mejor usar vasos de buena calidad y de buen gusto para este tipo de bebidas. Además, si tomas tés aromáticos o de hierbas en vasos resistentes a altas temperaturas, se incrementa la suerte para nuevos encuentros gracias al chi del fuego, y podrás disfrutar de nuevos encuentros muy positivos o, por decirlo de otro modo, de encuentros «perfumados».

El buen gusto favorece las relaciones con los demás

Que los utensilios sean todos del mismo estilo

Otro elemento importante que influye en la carga positiva de la cocina es la disposición de los utensilios y los electrodomésticos.

Antes de nada, no guardes de forma desordenada los cucharones y las espátulas. Para aumentar tu suerte económica, lo mejor es conservarlos todos en orden y colocarlos en la parte interna de un armario. Pero en el caso de que sean del mismo estilo o marca, dejarlos a la vista aumentará la buena suerte en las relaciones personales. Si los mangos son de plástico, madera o acero y los dejamos desordenados, esto provocará un efecto negativo sobre nuestras relaciones con los demás. Es importante decorar la cocina solo con los cucharones y espátulas del mismo estilo, y aconsejo que tengan mangos de madera o de acero.

Para las personas que tienen dificultades para ahorrar, aconsejo que usen utensilios de cerámica,

No pongas ollas grandes o cuencos en una posición que supere la altura de tu mirada.

La decoración con estilo acrecienta la buena suerte

Una buena decoración en casa tiene una gran influencia en la apariencia y el estatus de las personas que la habitan. Intentemos decorar la cocina poniendo a la vista las vajillas bien en orden y usando frascos para las especias y canastas del mismo estilo. Si quieres probar a decorar la cocina con vajillas y cestas en lugar de guardarlas, serás una persona que usa la riqueza para disfrutar de la vida, y a la cual no le faltará el dinero. ¡Ponlo en práctica!

Presta atención a estos puntos cuando quieras dejar utensilios a la vista

Conserva las especias en frascos de cerámica blanca, que son de elemento tierra: esto provocará un efecto positivo sobre tu economía.

Da valor a los objetos del mismo estilo colocándolos juntos.

No dejes sartenes manchadas a la vista.

Cuando quieras usar una repisa decorativa y poner una cesta con cosas dentro, deja un espacio entre ambas.

de elemento tierra. Es mejor no dejarlos a la vista, pero si quieres colgarlos en la cocina, colócalos con los ornamentos hacia la pared (en el caso de los cucharones, que la parte saliente vaya hacia afuera).

No guardes las ollas en lugares más altos que tu mirada

No es muy aconsejable dejar las ollas sin guardar, pero sobre todo está mal dejar a la vista sartenes con manchas de aceite o quemaduras, ya que atraen aspectos negativos del chi fuego y provocan las compras compulsivas y el derroche de dinero. Lo mismo es aplicable para las ollas con manchas o quemaduras.

En lo que respecta al mejor lugar para guardarlas, hay que evitar que queden en una posición más alta de tu mirada. Por ejemplo: si las dejas en un armario encima de los fogones, registrarás pérdidas económicas, pero si las pones en un nivel más alto que tu mirada, te estresarás por culpa del dinero.

¡Consérvalas debajo del fregadero o dentro de un mueble!

No dejes en desorden los cucharones y las paletas. Lo mejor es guardarlos dentro de un armario o en un cajón. También es muy importante unificar el estilo.

Consejos sobre los utensilios para la cocina

Si dejas a la vista el temporizador, lograrás ahorrar

Dejemos a la vista el temporizador y la báscula: esto provoca una disminución en la pérdida económica.

Las tablas de cortar en vertical

Los alimentos son fuente de vida. Mantengamos limpias las tablas de cortar que usamos en la cocina y guardémoslas verticalmente.

Guarda los cuchillos y las tijeras

En lugar de dejarlos a la vista, es mejor conservarlos en la parte interior de un armario. Si se quedan a la vista pierden el elemento metal de los objetos puntiagudos. Si, a pesar de todo, quieres dejarlos fuera, ordénalos en un cuchillero cerca del fregadero, pero apartados de objetos con chi de fuego, como los fogones o los hornos microondas.

¿Cuáles son los frascos que propician la buena suerte?

Las fiambreras de plástico transparente no ayudan en la parte económica

Ya he dicho antes que no es aconsejable dejar fiambreras de plástico sin guardar, porque el chi negativo del fuego que contiene el plástico estropea el chi metal. Esto también se aplica a todos los utensilios de cocina, ya que podrían perjudicar nuestra suerte si los dejamos a la vista.

En el Feng Shui, la acción de mirar es de elemento fuego, de modo que, si colocamos objetos de plástico, aumentará este elemento. Sé que hay muchas personas que usan recipientes de plástico transparente, pero existe la posibilidad de que dicha práctica provoque apuros económicos en la familia. También son perjudiciales los que tienen combinaciones de colores rojo y negro: el rojo quema el dinero y el negro provoca pérdidas económicas. Son dos colores que hay que evitar, no solo en el caso de las fiambreras, también en la cocina en general.

Una buena opción son los contenedores de cerámica blanca

Según el Feng Shui, acoger el chi fuego en la cocina significa aumentar los ingresos. El chi tierra de la cerámica atrae el chi fuego, que inflama al chi metal. En concreto, aconsejo la cerámica blanca porque tiene una potente acción purificadora, no entra en contacto con el aspecto negativo del chi fuego que está en el aire y tiene la capacidad de mantener el aire del ambiente limpio.

¿Frascos de cristal o de madera?

Los frascos de vidrio tienen un efecto positivo específico sobre las relaciones sociales, pero también pueden provocar un aumento en el derroche del dinero y los gastos, tenlo en cuenta. Es recomendable conservar estos frascos en un lugar más alto que la mirada. Sin embargo, los frascos de madera para las especias ayudan a intensificar la vitalidad y contienen en sí una carga de fortuna para la salud familiar. Los aconsejo de forma especial para las familias con niños pequeños. Prueba a usarlos junto a los de cerámica.

Los objetos hechos a mano abren la puerta a la fortuna

En general, aconsejo los frascos de cerámica, pero si usas botes de cristal para la pasta, esto ayuda a mejorar las relaciones humanas. Si en la parte inferior del bote pegas adornos de colores, esto traerá buena suerte en el terreno económico.

Es aconsejable recubrir los frascos con tela y usarlos para guardar alimentos. Si usamos el mismo estampado para varios objetos, se equilibra el chi y podemos conseguir estabilidad económica.

Divide los cubiertos por categoría y aumentarán tus ahorros

Separa los cuchillos de las cucharas

Los cajones de la cocina son un punto estratégico para nuestros ahorros. Evidentemente es muy importante que estén bien ordenados, pero con unos pequeños trucos nuestro porvenir puede cambiar notablemente.

En primer lugar, si pones los cuchillos y las cucharas juntos, el elemento metal de la cuchara se romperá con el cuchillo y disminuirá la buena suerte. No hay necesidad de que sea en otro cajón, es suficiente colocarlos en compartimentos distintos. Sin embargo, los cuchillos y tenedores se pueden guardar en el mismo lugar sin problemas.

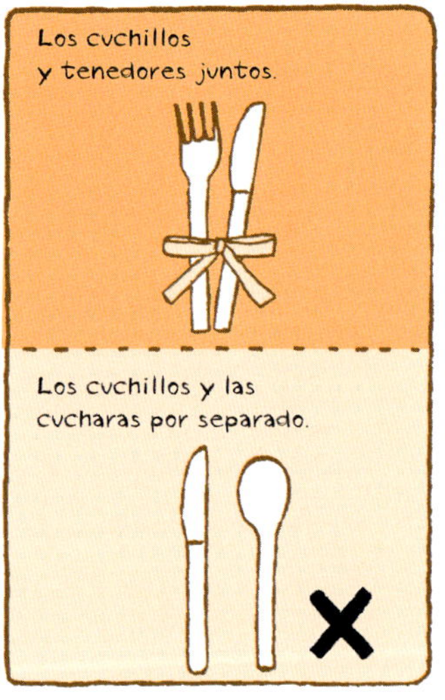

Los palillos reflejan tu nivel social

Se trata de un utensilio menos usado en occidente, pero los palillos demuestran tu estatus, por lo cual es desaconsejable usar los que sean demasiados económicos o estén viejos. Si toda la familia usa palillos del mismo estilo, se crea armonía dentro de esa familia. Si cada uno usa palillos distintos, habrá que estar atento porque podrían surgir incomprensiones. Es mejor guardar los palillos para los huéspedes por separado. Probablemente haya muchas personas que conservan los desechables que dan a veces en los restaurantes, pero no aconsejo guardarlos. Los palillos contienen elemento madera y, si se acumulan, especialmente los que tienen grabado el nombre del restaurante, el espíritu juvenil y empreendedor se verá afectado. Si ofrecemos palillos de baja calidad a nuestros invitados, nuestro estatus también quedaría perjudicado. Presta atención a lo hora de conservar solo los palillos reciclables de buena calidad.

Disposición de los cubiertos para incentivar el ahorro

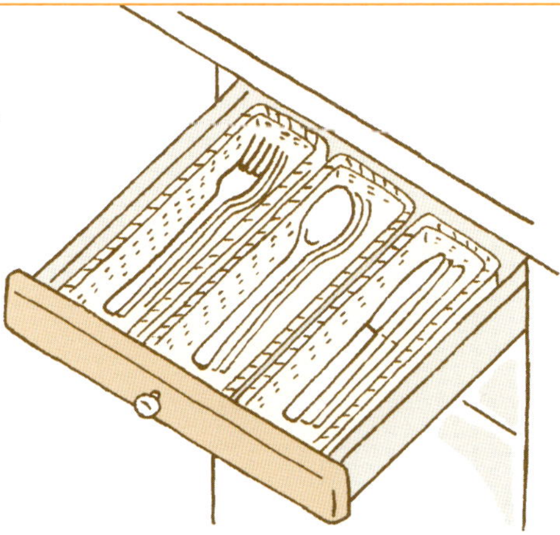

Usa compartimentos de materiales naturales para los cajones

Intenta evitar el plástico para los compartimentos de los cajones y prioriza materiales como la madera, el mimbre o el acero, ya que, si usas envases de plástico, el elemento negativo del fuego contenido en él provocaría la imposibilidad de ahorrar para la familia. Si de todas formas quieres usar plástico, evita por lo menos que haya contacto directo revistiendo los envases con telas.

Epígrafe

¿Hace falta deshacerse de todos los objetos viejos?

En el Feng Shui se piensa que en los objetos que han tenido una larga vida o que son viejos se acumula chi yang. Las cosas que han llegado al final de su larga vida no tienen más energía para crear, de modo que, si nos rodeamos de objetos antiguos, se crea un ambiente en el cual no puede haber avance. Pero otro tema es decidir si tirarlos o no. Por ejemplo: un artículo que se lega de generación en generación se convierte en un amuleto para la familia, o en algo por lo que sientes un afecto especial en tu corazón, y aunque sea viejo continúa encerrando buena suerte. Sin embargo, en el caso de objetos de poca importancia, es mejor deshacerse de ellos por esa acumulación de chi yang.

En todo caso, si se trata de algo por lo cual sientes un cariño especial, si lo pones al sol de vez en cuando, puede recuperar su carga positiva. En muchos casos, cuando no sabes bien quién los ha usado, aconsejo no guardarlos, pero si se trata de algo que te gusta mucho, será menos problemático después de ponerlo al sol y lavarlo con paños mojados. No obstante, evita usar las pertenencias de una persona que claramente consideras como desafortunada o que está enferma. Ten especial cuidado con las cómodas y los espejos.

Capítulo 4

Revaluemos el concepto de orden

El orden que se mantiene en casa se refleja en tu suerte: los cajones y los armarios son elementos donde se acumula la buena suerte y, en consecuencia, una persona ordenada será tocada por la fortuna. En este capítulo descubrirás las técnicas correctas para organizar tu casa.

Capítulo 4

家中の収納を見直しましょう

La importancia de dormir en una cama «afortunada»

Guarda las sábanas y colchas en los estantes más altos

Cuando dormimos, nos impregnamos de buena suerte, de ahí que el Feng Shui considere afortunadas a las personas que descansan bien. De igual forma, los objetos que usamos durante las horas de descanso tienen un rol importante: para ser favorecidos por la suerte, hemos de prestar mucha atención a nuestra cama o futón. En primer lugar, es fundamental cuidar cómo recoges el edredón: no lo guardes en un armario donde haya humedad o en un estante cerca del suelo, porque allí la carga yin es muy fuerte y el edredón se impregnará de dicha energía. Respirar chi yin durante la noche podría causar efectos negativos en tu salud, por lo tanto, almacena las colchas y los edredones en los estantes más altos, aunque pesen mucho. Además, al almacenar las colchas y sábanas siempre en el mismo armario, la buena suerte encontrará un lugar donde concretarse. Es aún mejor guardarlo todo en un cajón especifico, separado del resto.

Las bolsas al vacío deterioran la carga positiva

Es mejor evitar las bolsas al vacío, no solo para las colchas de invierno, sino también para las sábanas, porque el vacío aplastaría la buena suerte que conservan las colchas en su interior. Si, por razones de espacio, no tienes otra opción, espera tres días antes de usar las colchas que sacaste de las bolsas al vacío y ponlas al sol todas las mañanas para que se impregnen de energía yang. Sin embargo, si se trata de la ropa de cama para los huéspedes, no hay ningún inconveniente.

Un último consejo

Di no a los objetos de más

Coloca en la mesita de noche solo el despertador, no el libro que estés leyendo ni la Tablet.

No almacenes colchas ni sábanas junto a los juguetes de los niños o a electrodomésticos estacionales

Otra costumbre que es mejor evitar es la de almacenar colchas, edredones o sábanas junto a juguetes o electrodomésticos. Los juguetes pertenecen al chi madera, que indica movimiento, en cambio los electrodomésticos son chi fuego. Ambos extinguirían la carga positiva presente dentro de la ropa de cama. Guárdalos en cajones separados o ingenia algún compartimento para que no estén en contacto entre ellos.

Esta disposición de la ropa de cama empeora la suerte

En el Feng Shui se aconseja dormir con el cabecero hacia el norte

Según el Feng Shui, el norte es el punto cardinal del elemento agua. Dormir con la cabeza hacia el norte facilita la posibilidad de recibir chi de agua, que al entrar directamente en la cabeza nos permite descansar con «la cabeza fresca y los pies calientes»* .

Además, el Feng Shui enseña que el chi fluye de norte a sur, por lo que, al dormir con el cabecero hacia el norte, la energía vital entrará por la cabeza y nos ayudará a expulsar las toxinas acumuladas durante el día.

De todas formas, también estaría bien dormir con la cabeza hacia el este, porque, ya que el sol sale por el este y se pone por el oeste, tener la cabeza hacia el oriente nos brindaría muchos beneficios del chi positivo que se genera al amanecer, se tendría una larga juventud y se lograría ser emprendedor.

Por consiguiente, resulta lógico pensar que ha de evitarse colocar la cama con el cabecero hacia el sur: el sur es en sí elemento fuego y podría causar problemas de irritabilidad o de desperdicio de dinero. Si no tienes otra opción más que dormir con la cabeza hacia el sur, aconsejo apoyar sobre la mesita de noche una planta ornamental o unas florecitas blancas.

* Famoso proverbio japonés.

Envuelve con materiales naturales los electrodomésticos que usas estacionalmente

Los materiales sintéticos como el plástico perjudican el ahorro

En toda familia hay electrodomésticos que solo se usan en determinadas estaciones, como los ventiladores o las estufas eléctricas. En el Feng Shui se considera que dar importancia a cada estación ayuda a atraer buena suerte en el aspecto temporal. Por oposición, dejar por la casa objetos que no usamos en la estación en la cual estamos, provoca una disminución de la suerte y de las oportunidades que se nos presentan. Se aconseja entonces almacenar muy bien estos electrodomésticos al final de cada estación.

Todos los electrodomésticos eléctricos tienen chi de fuego, por eso, cuando se guardan, no es aconsejable hacerlo en bolsas de plástico o de otros materiales sintéticos, porque éstas contienen chi fuego negativo. En concreto, objetos como las estufas eléctricas tienen un chi fuego muy fuerte y, si se guardan en bolsas de plástico o de otra fibra sintética, se deteriorarían, no solo la carga positiva lograda con el orden que se esté llevando a cabo, sino también nuestra economía, e incluso podría provocar tensiones familiares.

Guardar estos electrodomésticos en la parte baja o en el fondo de un armario mejora el equilibrio del chi

En el caso de los ventiladores, al tratarse de equipos que producen viento, si los conservamos en bolsas de plástico, que por naturaleza no es un material transpirable, se podría perjudicar nuestra vida privada, que pertenece al chi viento. Al final de cada estación, coloquemos los objetos que no vamos a usar envolviéndolos en tejidos naturales o permeables, como el algodón y el cáñamo. Cuando los guardamos en cajones o cajas, mantenemos el equilibrio de la buena suerte, si los posicionamos en la parte baja y al fondo.

Cómo almacenar los electrodomésticos de temporada

Guardémoslos bien al final de cada estación. Si los ponemos en bolsas de plástico, se acumulará en su interior chi de fuego negativo, que se propagaría por la casa cuando los usáramos nuevamente. Elijamos materiales permeables y naturales.

Es aconsejable colocar carbón activo en los armarios

Guardar carbón activo en los armarios no solamente mantiene el ambiente limpio, sino que también previene malos olores y humedad, por eso es muy aconsejable. No aconsejo usarlo tal cual, sino envuelto en materiales permeables (lo mejor es el papel japonés) y colocarlo en las cuatro esquinas de la caja, cajón o armario.

Los objetos para la diversión y el ocio deben guardarse en un lugar accesible

Tenlos al alcance para poder usarlos a menudo

La suerte cambia mucho en base a cómo guardamos los objetos para nuestras aficiones y tiempo libre, como las maletas, el kit de golf, los esquís o la tabla de snowboard. Son objetos que nos transmiten buena suerte en nuestras aficiones y nuestra capacidad de emprendimiento.

Se desaconseja guardarlos en lugares poco accesibles, aunque pienses que no los usarás a menudo. Especialmente en el caso de las mochilas y las maletas de viaje, guardarlas en el fondo de los armarios no solo disminuiría la capacidad de iniciativa, sino que aumentarán también las restricciones para viajar.

Además, esconder los objetos relacionados con los momentos de esparcimiento alejará la diversión de nuestra vida. Por eso, aunque no pienses usarlos inmediatamente, guarda las maletas y los equipos deportivos en lugares fácilmente accesibles.

No dejes objetos móviles en la entrada o en el pasillo

Evita dejar equipos u objetos que usas para tus aficiones en la entrada de la casa o en el pasillo, pues son los lugares por donde entra el chi.

Una disposición ideal para estos equipos

Guardémoslos a la vista: aumentarán las ocasiones para usarlos.

Probablemente muchas personas dejan a menudo el kit de golf o la tabla de snowboard en la entrada, pero yo lo desaconsejo. Poner objetos que «se mueven» en la entrada impediría el ingreso del chi positivo que espera afuera. En consecuencia, podrían ocurrir accidentes o surgir problemas. ¡Ten cuidado con este aspecto!

¿Cómo se define una habitación afortunada?

Una habitación desordenada, ruidosa o descuidada no puede atraer cosas positivas. Si está desorganizada, se puede arreglar fácilmente poniéndola en orden y tirando algunas cosas, pero si hay mucha humedad o no entra luz solar, la situación se complica. Si entra poca luz, faltará chi yang. Según el Feng Shui, el chi positivo aumenta entrando en contacto con el yang, mientras que disminuye cuando entra en contacto con el yin, y en consecuencia en una habitación poco luminosa no puede florecer la buena suerte.

Para equilibrarla, hay que mejorar la iluminación y ayudar al flujo del chi yang a través de una buena ventilación. A falta de la luz solar, usemos lámparas y velas.

Ordenar los álbumes fotográficos incrementa el chi del tiempo

Dispón los álbumes en posición vertical y en orden cronológico

Los álbumes y las fotos en general están relacionados con el tiempo. Si colocamos los álbumes de forma que podamos consultarlos siempre que queramos, reforzaremos no solo el chi que controla el tiempo, sino que también se convertirán en amuletos para el futuro. El aspecto principal que hay que tener en consideración es no guardar fotos sueltas: todas deben estar en álbumes. No es aconsejable apilar los álbumes, porque el tiempo transcurrido se bloquearía y, con él, también la buena suerte actual. Es preferible colocar los álbumes fotográficos en posición vertical, los más recientes a la derecha y el resto a la izquierda. Ponerlos en un estante a la altura de la mirada es de buen auspicio.

¿Cómo podemos deshacernos de las fotos que no necesitamos?

No debería ser un problema tirar las fotos que ya no necesitemos o que nos traigan malos recuerdos. Solo hemos de prestar atención a no tirarlas con el resto de la basura, y, en el caso en que se quieran rasgar, no hay que hacerlo donde aparezca una persona. Si se trata de fotos que te retratan a ti o a tus familiares, presta especial atención al rasgarlas porque podrías provocar problemas de salud a esas personas.

Guarda solo los libros y revistas que te interesen realmente

Los libros y las revistas que no lees te vuelven insensible al paso del tiempo

Excluyendo los libros que te gusten mucho y que vuelvas a releer, es mejor deshacerse de los libros y revistas que sabes que no vas a volver a abrir. El papel pertenece al chi madera, que rige la suerte en el campo del desarrollo y de la información. Por consecuencia, la clave para reforzar la fortuna es discernir bien la información necesaria de la superflua.

En especial, es desaconsejable acumular revistas viejas porque, al tratarse de objetos ligados a la moda, el hecho de guardarlas provoca un debilitamiento en la «suerte del tiempo», o sea que las oportunidades que la vida nos ofrece irían disminuyendo. Además, el chi madera se estancaría, provocando una pérdida de la juventud y empeorará la suerte en el ámbito laboral. De algunas revistas podríamos recortar aquello que nos interese, ordenándolo después en archivadores.

Coloca las colecciones de libros y revistas en orden cronológico

En el caso de poseer colecciones completas de libros, es recomendable guardarlas en orden de salida y de numeración. Los números son chi madera y, por eso, guardándolos en orden numérico, se logra disfrutar al máximo del tiempo y gozar de buena suerte y de un constante crecimiento.

Si quieres decorar la casa con libros, posiciona al nivel de la mirada aquellos que demuestren tu estatus y tus aspiraciones para el futuro. Por ejemplo: en el caso de una persona que quiera adelgazar, sería útil poner en evidencia los libros de dietética, o en el caso de quien quiera conseguir éxito laboral, es aconsejable poner a la vista los libros escritos por personas de éxito.

Ten siempre en cuenta que guardar los libros en desorden trunca la buena suerte.

Un zapatero bien armonizado con el chi revaloriza tus zapatos

Si los zapatos están siempre resplandecientes y ordenados, serás agraciado por la fortuna

Gracias a los zapatos podemos visitar lugares auspiciosos, de los cuales trataremos en el último capítulo. Cada día frecuentamos diferentes sitios, absorbemos y respiramos muchas energías de todo tipo, y por eso es importante mantener los zapatos en buenas condiciones, para que podamos disfrutar de buena suerte.

Ante todo, examina tu zapatero y elimina aquellos pares que no uses hace más de tres años. Los zapatos viejos son caldo de cultivo del yin, y no pueden conducirte hacia un futuro luminoso. Además, hay que guardar todos los zapatos que no se estén usando, porque si los acumulas en la entrada, pisarían la buena suerte que entra por la puerta de casa, perjudicando en primer lugar la fortuna del jefe de familia y después los destinos amorosos de los hijos. Si no caben todos en el zapatero, puedes guardarlos en cajas de cartón o de mimbre. Como siempre, evita las cajas de plástico, porque «queman» la carga positiva presente en los zapatos.

En la parte superior las sandalias y chancletas, en la parte inferior las bailarinas

También existe un método para permitir una buena circulación del chi en el zapatero. Lo primero sería poner los zapatos nuevos o de moda, que están cargados de chi madera, lo más arriba posible, y los zapatos diarios, que contienen más chi tierra, más cerca del suelo.

Las mujeres deben poner los zapatos de verano, como las sandalias y chancletas, arriba y los zapatos elegantes abajo. Sin embargo, los hombres tienen que poner arriba los zapatos deportivos o que no son arreglados y en la parte inferior los pares elegantes y de cuero. Si organizas los zapatos en base a estas características, aumenta su potencial de buena suerte.

Un ejemplo de zapatero que atrae la buena suerte

Se logra un buen equilibrio del chi poniendo arriba los zapatos de temporada y abajo los de uso diario.

Conserva en cajas de mimbre los zapatos que no caben en el zapatero. Si las adornas con un lazo, aumentan las posibilidades de nuevos encuentros.

Los zapatos de hombre en la parte inferior y los de mujer en la parte superior

Cuando los zapatos de una pareja se almacenan en un mismo zapatero, es mejor poner los de mujer arriba y los de hombre abajo. En el caso de los niños, habría que colocarlos en los estantes más altos, mientras que los de los abuelos tienen que estar en los estantes más bajos. Coloca carbón activo sobre cada repisa para purificar el chi negativo que se acumula en los zapatos.

Los productos para su cuidado y limpieza tienen que conservarse en los estantes de la mitad hacia abajo o en el segundo estante desde el suelo. Tener zapatos colmados de buena suerte está íntimamente relacionado con el hecho de poder ser afortunado en la vida.

Ten en cuenta que ponerse zapatos sucios o desgastados te volverá una persona incapaz de aprovechar las ocasiones que se presenten en tu vida.

Un último consejo

No guardar las cajas de los zapatos

No se deben guardar los zapatos en las cajas que traían al comprarlos. Acumular estas cajas en casa provacará que cada miembro de la familia siga un camino distinto y no habría unión familiar. Si no tienes otra opción, úsalas forrándolas con un mismo papel para unificarlas.

Un cuarto de baño desordenado disminuye la belleza femenina

Maquillarse en el baño reduce el *glamour*

¿No sucede a menudo que el cuarto de baño se convierte en un lugar donde se acumulan montones de objetos en desorden?

En el caso de las mujeres, el cuarto de baño refleja su imagen, por eso hay que esmerarse para tenerlo siempre limpio y en orden.

Si nos maquillamos ahí, el chi fuego que rige la belleza se contaminará con el chi agua, deteriorando así nuestro encanto. No sucede así con los tratamientos para la piel, que están relacionados con el chi agua.

Otro punto que hay que tener en cuenta concierne a los cepillos de dientes, que no deberán de estar a la vista, ya que eso provocará la disminución del chi metal en los dientes y podríamos sufrir pérdidas económicas. Intenta guardarlos en un armarito o, si no puedes hacerlo de otra forma, usa al menos un portacepillos de cerámica.

Un último

Deshazte de los cosméticos viejos

Tira, sin pensarlo dos veces, los cosméticos que no usas. Los objetos viejos contienen chi yin y por consecuencia los cosméticos que posees de hace tiempo ya no sirven para exaltar tu belleza.

consejo

No dejes a la vista los artículos de tocador

Guardar muchas cosas encima del inodoro podría causar efectos negativos en la salud

El inodoro es un lugar fuertemente cargado de chi agua. Evita usar cajas de plástico, que son chi fuego, y coloca, en cambio, cestas para los artículos del baño, ocultándolas detrás de cortinas agradables.

Hay personas que ponen estantes encima del inodoro para aprovechar ese espacio, pero yo no lo aconsejo. Si llenas los espacios de arriba, el chi positivo será empujado hacia abajo y no podrá fluir bien, porque en la parte inferior ya está presente el chi agua. Esto podría provocar problemas de salud en la familia.

Si no queda otra opción, por lo menos ocúltalo todo con cortinas del mismo color que las paredes, para no cargar el ambiente.

Usa cortinas para no dejar a la vista los utensilios del baño.

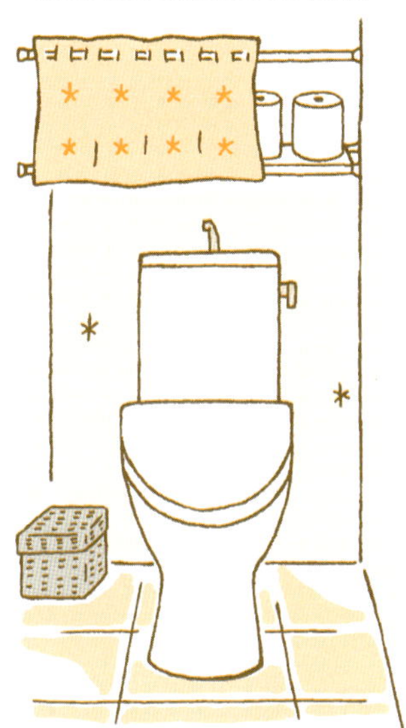

Accesorios útiles para mantener el orden

Últimamente se han puesto de moda muchos accesorios para ordenar la casa, coloridos y atrayentes. Aquí te explico cómo usarlos para poder atraer la fortuna.

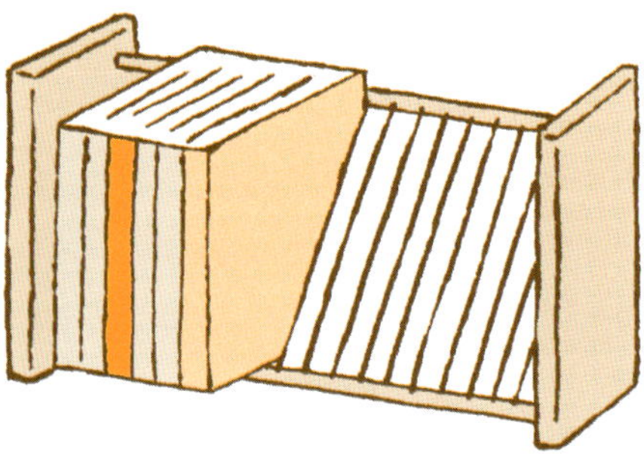

Los clasificadores de CD lejos de la televisión

Coloquemos los clasificadores de CD o DVD lejos de la televisión. Se pueden usar también cajas o contenedores, como cestas de madera o de acero. Pero es mejor no apilarlos, sino ordenarlos en posición vertical, uno al lado del otro.

Las cómodas con ruedas para almacenar libros y revistas

Los muebles que se pueden desplazar fácilmente se combinan bien con los artículos cargados de chi madera, como los objetos de tela, los libros o las revistas. Sin embargo, en el caso de la cocina, se desaconseja usarlos para conservar alimentos, porque el hecho de que tengan ruedas y se muevan dificulta el mejoramiento de la suerte económica.

Artículos de plástico transparente

Como ya he recalcado, desaconsejo usar plástico transparente, ya que es un material que genera chi fuego negativo. Podría parecer cómodo el hecho de que se vea lo que hay dentro, pero ordenar y guardar significa, en sí, apartar de la vista los objetos que guardamos. Usar cajas de este tipo agota el chi positivo en el ambiente.

Los estantes de metal se combinan bien con las cajas

Los estantes metálicos atraen la luz y, al ser chi de fuego, se armonizan bien con las cestas de mimbre, que son chi de madera y resultan prácticas, porque podemos sacar solo una cuando necesitamos algo en concreto. También es posible usarlos en el cuarto de baño, porque se pueden lavar sin que se oxiden.

Cubrir con tela los estantes modulares

Los estantes modulares son unos de los artículos más versátiles para la organización de la casa, pero aconsejo personalizarlos un poco. En primer lugar, si definimos bien la función de cada uno de ellos, propiciaremos la buena suerte, y por eso hay que evitar llenarlos sin un orden preciso. Se pueden usar, además, cajas de mimbre adornándolas con un lazo o se pueden cubrir con una tela bonita para ocultar el contenido.

Epígrafe

¡Ordenemos también el sótano y el garaje!

Es muy importante saber lo que tenemos en el sótano. Por esto es necesario utilizar estantes y cajas del mismo estilo y etiquetarlas para tener claro lo que contienen. Un aspecto importante es colocar las cosas más pesadas debajo y las más ligeras arriba. Aunque se trate del sótano, si conservamos allí artículos que realmente no necesitamos, el ambiente de la casa se volvería más denso y esto podría provocar un empeoramiento de la buena suerte de las personas que la habitan. Revísalo periódicamente y cuando encuentres algo que no necesitas tíralo sin titubear. También en el sótano es mejor evitar usar cajas de plástico.

En el caso del garaje, si lo usas para almacenar cosas, escoge estantes de metal, que son muy prácticos para mantener el orden. En lo que concierne a las cajas, evita las de cartón y especialmente las de plástico, porque podrían causar accidentes o problemas, a menos que haya un orden impecable. Elige cajas de otro tipo e intenta usar todas del mismo estilo.

Capítulo 5

Preguntas y respuestas sobre el orden según el Feng Shui, para hacer realidad nuestros sueños

Puedes alterar tu porvenir cambiando simplemente la forma de arreglar y guardar tus pertenencias. En este capítulo encontrarás las respuestas a algunas de las preguntas que me hacen con más frecuencia. El Feng Shui dice que es el individuo, a través de sus acciones, quien plasma su buena suerte. Pon en práctica el orden según el Feng Shui y forja tu destino.

Pregunta

Quiero adelgazar, ¿hay una forma de lograrlo sin estresarme, según los principios del Feng Shui?

Respuesta

Sobre dietas y estética es muy importante revisar si se conservan objetos superfluos en los armarios. Si sigues acumulando cosas que no usas, el ambiente doméstico se impregnará de chi yin, que ralentizará tu metabolismo.

Para mejorar tu aspecto, empieza a deshacerte de todo lo superfluo, prestando especial atención a revistas, documentos y libros. Si acumulas deshechos de papel, perderías la motivación y disminuirían, por consiguiente, tu espíritu juvenil, encanto y capacidad de iniciativa. En lo que concierne a las revistas, guarda solo las que te gusten mucho y deshazte de todas las demás.

Además, recuerda que la disposición de los objetos en casa es imprescindible para favorecer tu encanto y belleza: arregla y decora de la mejor forma, prestando la debida atención a las revistas en los estantes. Esto mejorará tu metabolismo y favorecerá la buena suerte en cualquier tema estético.

Pregunta

Para tener una relación más profunda con mi pareja, ¿dónde tendría que guardar sus fotos y regalos?

Respuesta

Si se trata de una relación reciente, se pueden guardar las fotos en cajas de materiales naturales, por ejemplo, mimbre o paja, y guárdalas en tu habitación en dirección sureste o cerca de una ventana. Lo importante es que se trate de un lugar en el cual haya buena ventilación. Usando difusores de aceites esenciales de cítricos, como la naranja, se intensifican los resultados.

Si se trata de una relación que dura desde hace tiempo, coloca las fotos en una caja de madera o hecha a mano y guárdala en un lugar que dé hacia el norte o donde no entre mucha luz solar. El norte es el punto cardinal que refuerza los sentimientos amorosos, si en el lado norte de tu habitación tienes una cómoda, guarda allí la caja de las fotos. En este caso, pon en el difusor aceite esencial de rosa, melocotón o lavanda.

Pregunta

¿Qué debería hacer para que mi pareja me pida que me case con ella?

Respuesta

Si solamente te limitas a esperar, la otra persona no tiene por qué entender tus deseos, en general, y de ahí que sea importante comunicar a tu pareja directamente que deseas casarte. Antes que todo, expresa tu sentir y pide su opinión.

Cuando se quieren descubrir las aspiraciones de la pareja, sobre todo en términos de matrimonio, es importante estar atento a los objetos que «brillan» en la casa, es decir, tener siempre muy limpios los espejos, los vasos de cristal y otros objetos de vidrio. No obstante, ten en cuenta que también deberás deshacerte de aquellos objetos de cristal que no utilizas. Los cosméticos (que incluyen los espejos) que no se usan tienen consecuencias especialmente negativas sobre la vida amorosa. Repasa todos los objetos brillantes de tu casa, no solo los espejos de maquillaje, sino también los espejos del baño, de los neceseres y todos los objetos que contengan circonitas.

Pregunta

¿Puedes enseñarme un método para guardar las joyas que atraiga la buena suerte?

Respuesta

Las joyas son chi metal que, según la tradición, nace del chi tierra y aumenta en contacto con el chi agua. Guarda las joyas en lugares oscuros, que son de chi tierra, en dirección norte, que es chi agua, o incluso en dirección oeste o noroeste (chi metal). Usa un joyero de madera o metal, pero intenta evitar joyeros de plástico, porque, como ya hemos visto anteriormente, el plástico tiene un fuerte chi fuego que «quemaría» la buena suerte contenida en las joyas. Si usas habitualmente una percha para joyas y la tienes cerca de la cama o del vestidor, ayudará a transmitir una imagen muy positiva de ti. Si, en cambio, usas un joyero de cerámica o un incensario, estarás favorecido por la diosa de la fortuna en el ámbito económico.

Pregunta

Tengo muchos cosméticos y maquillaje en el baño, ¿es cierto que el Feng Shui lo desaconseja?

Respuesta

En lo que concierne a los cosméticos del baño, se aconseja limitarlos a los productos para la piel y el cabello. El baño es un lugar en el cual pasa mucha agua, que apaga el fuego contenido en el maquillaje, perjudicando nuestra apariencia física. En cambio, la piel y el cabello son considerados elementos de agua, y por eso los productos para su cuidado reciben beneficios al estar en un lugar cargado de chi agua. Pero esto no cambia el hecho de que es fundamental el orden y el aseo, para que esto se refleje en tu apariencia. Los productos que tenemos en el baño deben guardase en cajas de mimbre o neceseres bonitos y bien conservados. Para la bañera escoge productos de apariencia agradable, disponlos ordenadamente dentro de cestas de mimbre o acero y guarda allí solo los productos de uso cotidiano.

Pregunta

¿Puedes decirme dónde tendría que colocar la cartera para mejorar mi suerte?

Respuesta

A las carteras les gustan los lugares tranquilos. Si se dejan directamente en el bolso o en lugares bien visibles, los gastos aumentarán. Algo que hay que evitar es poner las carteras cerca de un equipo electrónico, porque su chi fuego acabaría con el chi metal contenido en la cartera, que perderá así su carga positiva. Además, hay que evitar dejar la cartera en la cocina, porque esto provocaría una disminución de la suerte económica con la cual nacimos.

El lugar ideal sería la habitación, en dirección norte, o todavía mejor, dentro de un cajón o una caja. Asegúrate de colocarlo en un punto más bajo de tu mirada. Como alternativa al norte, estaría bien también el oeste.

La vida de una cartera es de tres años, después de ese plazo no atraerá más suerte y habrá que cambiarla. Cuando tengas que tirarla, ponla en un sobre de papel negro y escoge un día de lluvia.

Pregunta

Estoy atravesando problemas económicos y he comprado un billete de lotería, ¿dónde tendría que ponerlo?

Respuesta

Antes de nada, tienes que saber que ganar la lotería no está considerado como algo positivo, sino como un momento donde la suerte empeora. Según el Feng Shui, si se gana mucho dinero en la lotería, la consecuencia es que tendríamos un cambio negativo en nuestro porvenir. Por eso, en el caso de que ganes, será mejor regalar parte del dinero o invitar a cenar a parientes y amigos, y no quedarte con todo el premio. Pero como también es cierto que puede pasarle a cualquiera, en algún momento de su vida, desear ganar, pasaré a explicar la mejor forma para guardar los billetes de lotería.

El lugar cambia dependiendo del sexo de la persona: las mujeres deben envolver el billete en una tela o en papel de arroz rosado y guardarlo en un lugar más bajo que su cadera, no tiene que estar visible y debe conservarse en un sitio muy ordenado porque, de otra forma, se obtendría el efecto contrario. Los hombres deben guardarlo en un lugar más alto que su mirada, dentro de un sobre o envuelto en una tela blanca. No importa si está visible, basta que no haya polvo. Mucha gente lo deposita en el *butsudan*[6] o sus alrededores, aunque esto perjudicará la suerte familiar en conjunto. Lo mismo vale para el *kamidana*[7]. En general, colocar objetos no apropiados en estos altares causa efectos negativos en nuestro futuro.

6. Pequeño templo budista que se tiene en casa para honrar a Buda y a los familiares fallecidos.
7. Pequeño templo sintoísta que se tiene en casa.

Pregunta

¿Hay alguna forma de ordenar que propicie nuevas oportunidades laborales?

Respuesta

Si deseas cambiar de trabajo, tienes que prestar atención al orden en las partes altas de la casa, porque el chi del cambio se encuentra en los espacios cercanos al techo. Si atiborráramos las zonas altas con cosas inútiles y en desorden, no favoreceríamos los cambios positivos. Comprueba que no tengas libros, vajillas o ropa que no usas.

Si quieres resultados inmediatos, presta mucha atención al cuidado del zapatero. Si guardas muchos pares de zapatos que usas esporádicamente, te volverás una persona incapaz de captar el chi que favorece los cambios. Deshazte, sin pensártelo dos veces, de zapatos viejos o que ya no te pongas. Para atraer cambios positivos, coloca los zapatos viejos en la parte superior del zapatero y los más nuevos en la parte inferior.

Pregunta

Estoy estudiando para un examen de oposición, ¿dónde sería mejor que guardase el formulario de inscripción?

Respuesta

Lo ideal sería estudiar con ese formulario a la vista, porque eso ayudará a la memoria el día del examen. El efecto se intensificará si se coloca el formulario sobre una caja de madera o sobre un pañuelo de tela, en el caso de los hombres, mientras que las mujeres tendrán que apoyarlo sobre materiales naturales, como mimbre o papel de arroz. Coloca todos los libros para el examen en posición vertical sobre el escritorio ayudándote de un soporte y a la derecha de donde estudias. Evita apilarlos: esto provocaría efectos negativos en tu desempeño el día del examen. Si quieres poner los libros en una estantería, es mejor que estén en una posición más alta que tu cadera, porque, en una posición más baja, olvidarás más fácilmente lo que estudiaste con tanto esfuerzo.

Pregunta

¿Dónde tendría que poner el bolso del trabajo y las tarjetas de presentación para conseguir un ascenso?

Respuesta

Según el Feng Shui, los bolsos o las mochilas de trabajo representan la capacidad de iniciativa. Por eso, si deseas avanzar en tu carrera o conseguir un ascenso, es importante no solo el modo de guardarlos, sino también el orden dentro de ellos. Reduciendo a lo esencial los objetos allí contenidos, aumentarás tu profesionalidad. Ir al trabajo con tu ordenador en la mochila o en un bolso no se considera como buen auspicio para el éxito, a menos que sea indispensable para el trabajo. Por ejemplo: se puede pensar en sustituirlo con una Tablet. En todo caso, ten en cuenta que, si no encuentras con facilidad tu móvil o las llaves en tu bolso, tienes que hacer algo para cambiar esto. De lo contrario, pueden surgir problemas que te conviertan en poco perspicaz y emprendedor.

Tanto en la oficina como en casa, es mejor no apoyar el bolso directamente en el suelo, sino colgarlo o apoyarlo en un estante, a una altura superior a tu cadera.

El de presentación es un objeto que demuestra nuestro estatus social, por lo cual hay que escoger uno que demuestre buen gusto y vaciarlo a menudo, antes de que las suertes de quienes te dieron sus tarjetas puedan influir sobre ti, sobre todo en el caso de personas de posición inferior o claramente poco afortunadas.

En el caso de personas jerárquicamente superiores o importantes, guarda sus tarjetas durante una semana y después archívalas con cuidado. De esta manera, los portatarjetas recordarán el rol y la fortuna de esas personas y recibiremos grandes beneficios. Este objeto se puede dejar directamente en el bolso, pero, si quieres aumentar tu buena suerte, puedes conservarlo en el lado oriental de tu habitación, juntos a campanillas y cajas de música.

Pregunta

Según el Feng Shui, ¿qué puedo hacer para mejorar la relación con mis colegas de trabajo?

Respuesta

Las relaciones humanas nacen del chi viento, que puede estancarse por falta de cuidado en la zona de los pies. Las relaciones mal llevadas atraen chi negativo y cargan los pies. Primero de todo, verifica que no tengas objetos superfluos debajo del escritorio de trabajo o en los últimos cajones. Después, en casa, comprueba que no estés guardando zapatos, medias o calcetines que no necesitas, y que haya mucho orden. Ordena con especial atención los zapatos que no uses porque están viejos, son incomodos o por la razón que sea, y que se asocian a relaciones que no nos benefician. Los zapatos de este tipo provocan una disminución en la posibilidad de nuevos encuentros y afectan también a la esfera amorosa.

En el caso de que quieras alejarte de un compañero con quien no encajas, hay un pequeño truco al que se puede recurrir: se trata de poner un espejito en dirección al escritorio de esa persona. Son especialmente aptos para esto los espejos octogonales, pero sirven también lo que tienen otras formas. Lo más importante es que la persona no se dé cuanta de nada.

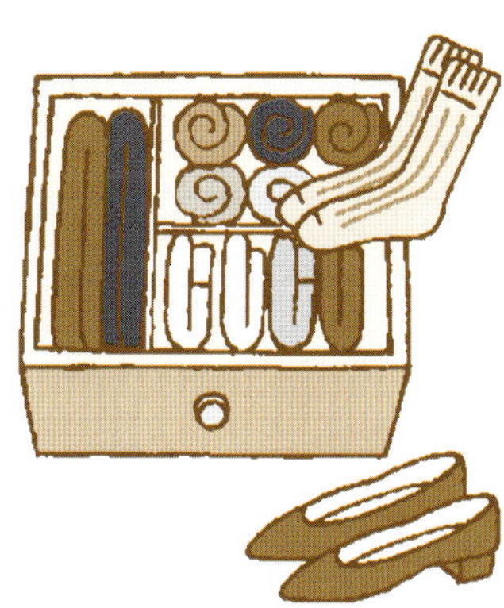

Pregunta

Estoy embarazada y me gustaría saber qué puedo hacer para atraer la buena suerte del bebé

Respuesta

Los niños, según el Feng Shi, nacen del chi tierra, y cuando el embarazo se dificulta se le relaciona con el «agua venenosa». Es esencial para el feto que el chi tierra y el chi agua estén en equilibrio y en abundancia.

En lo que concierne al chi tierra, los lugares más importantes son el salón, las cuatro esquinas de la casa y el suelo. Cuando friegues el suelo, presta atención a no dejar cosas tiradas, crea un espacio donde te puedas sentar y disfrutar de un momento de tranquilidad y comprueba que en ninguna de las esquinas de la sala haya muchos objetos acumulados.

Además, un ambiente limpio y aireado propicia los embarazos, así que no olvides ventilar bien toda la casa, usando incluso deshumidificadores.

Los lugares cargados de chi agua que hay que cuidar son el baño y el dormitorio.

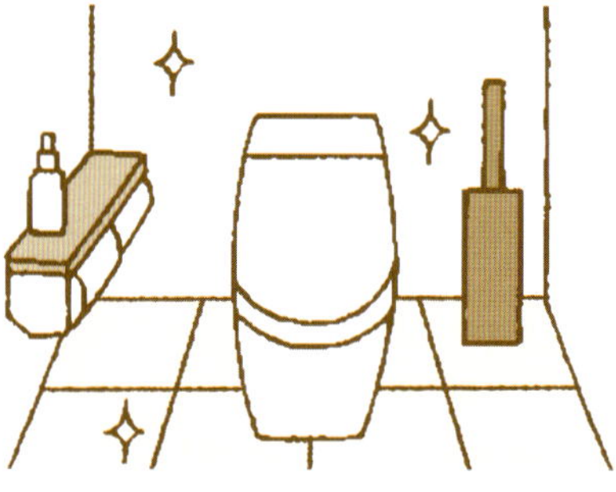

Es necesario guardar en el baño únicamente objetos imprescindibles y que esté siempre impecable. El Feng Shui considera los dormitorios como chi agua y no es aconsejable ni llenarlos de objetos, ni guardar equipos deportivos, siendo estos portadores de chi de movimiento y, en consecuencia, no aptos para un dormitorio.

Pregunta

Quisiera saber la forma de organizar el cuarto de mis hijos para que gocen de buena salud

Respuesta

El orden y aseo en la habitación de nuestros hijos tiene una gran influencia sobre su porvenir. Antes de nada, se aconseja evitar cajas de plástico para guardar los juguetes o la ropa. En el Feng Shui, los niños son chi madera y el plástico es chi fuego negativo, así que si usamos mucho plástico se podría «quemar» la buena suerte de nuestros hijos.

Para almacenar ropa y juguetes, podemos usar contenedores de materiales naturales, como cestas, cajas de madera o hechas a mano. Además, es bueno ordenar cómics y libros que no tengan nada que ver con el estudio en la parte trasera de la librería o cubrirlos con una tela para ocultarlos de la vista y, en cambio, poner delante los libros de la escuela: así los niños se apasionarán por el estudio.

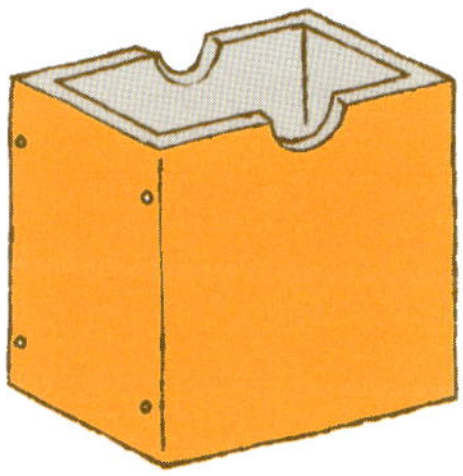

En el caso de que haya un escritorio, hay que evitar que esté desordenado o lleno de juguetes y peluches, pero sí tendrá que contener libros y cuadernos de la escuela bien colocados en posición vertical. Una habitación desordenada puede tener consecuencias negativas sobre el rendimiento escolar y causar pequeños infortunios.

Pregunta

Tenemos un perrito, ¿qué podríamos hacer para que se habitúe a nuestra vivienda?

Respuesta

Si tienes una mascota, el aspecto más complicado es dónde colocar la caja para que haga sus necesidades. Debemos estar muy atentos a que no haya malos olores, que perjudican la suerte del dueño. La mejor opción es ponerla en un lugar cerrado como el baño, donde hay una puerta, para evitar la propagación de malos olores. Si, por problemas de espacio, tienes que ponerla en el salón, colócala en una esquina retirada y usa un biombo o algo similar. Es mejor evitar la cocina, el comedor y la entrada, que es por donde accede el chi.

En lo que concierne a su camita, aconsejo no colocarla al oeste ni al noroeste, porque el oeste gobierna la riqueza y el noroeste determina la buena suerte del dueño del perrito. Colocando en estos puntos su camita, nuestra suerte beneficiaría únicamente al perro.

Sería bueno también guardar sus objetos en cestas, cajas de mimbre o hechas a mano, así el perrito gozará de muy buena salud.

Por último, los amantes de los perros tienen que tener cuidado de evitar colgar en la entrada fotos o pinturas que retraten al perro, porque puede provocar cambios negativos, infortunios u otros problemas. Ten en cuenta que esto es solo para la entrada.

Pregunta

¿Cómo ordenar los utensilios de cocina para que la familia goce de buena salud?

Respuesta

En lo que respecta a los alimentos, lo principal que hay que tener en cuenta es la fecha de caducidad. Muchas comidas pueden consumirse también pasada la fecha de caducidad, pero el Feng Shui aconseja hacerlo antes de esa fecha, porque algo cuyo tiempo ha terminado no puede gozar de buena suerte. La única excepción son los productos congelados, para los cuales el tiempo no pasa. Es muy importante guardar los condimentos de uso diario, como la sal y el aceite, fundamentales para la salud, debajo de un elemento fuego, como los fogones. Si se pusiesen debajo del fregadero, el chi agua arruinaría el chi fuego contenido en esos alimentos y esto podría causar problemas de salud.

Si el frigorífico está desordenado, se podrían sufrir problemas de salud en la parte inferior del cuerpo en el caso de la mujer y enfermedades en los órganos internos en el hombre. Mantén siempre mucho orden en la nevera y dispón en la parte más fría, a la izquierda, la carne y a la derecha el pescado, para no mezclar el chi fuego de la carne con el chi agua del pescado, lo que también podría generar problemas de salud. Repito: en la parte izquierda de la nevera la carne y en la parte derecha el pescado.

Pregunta

Estoy cansada de que mi casa esté llena de cosas, ¿cómo puedo ser más ordenada?

Respuesta

Este tema nos interesa a todos y sería importante que toda la familia se ocupara de ello. Seguramente depende mucho del carácter individual, pero, en general, con el paso de los años nos encariñamos más de las cosas, en parte tal vez a causa del instinto de protección por preservar nuestra condición actual. No aconsejo, en este caso, llamar la atención a nuestros padres, por ejemplo, porque no logren tirar cosas viejas o porque no ordenen: lo que se conseguiría sería solamente reforzar su posición. Tenemos que intentar pensar que, aunque nosotros no veamos en esos objetos nada más que basura, para ellos encierran recuerdos preciosos.

Sin embargo, según el Feng Shui, cuanto más pasan los años, es mejor rodearse de objetos nuevos, llenos de chi positivo. Se puede proponer remplazar algunas cosas viejas por otras nuevas y explicar que podemos deshacernos de muchos objetos queridos, trasmitiéndoles antes nuestra gratitud por la importante función cumplida con nosotros a lo largo de los años.

En lo que concierne al orden, es mejor empezar por espacios pequeños. Juntar todas nuestras pertenencias en un único punto y comprobar cómo el resto del espacio parece más amplio, puede ayudarnos a ser conscientes de lo imprescindible que es deshacerse de cosas. Lo esencial es crear la ocasión perfecta para que se despierte ese anhelo de ordenar y tirar cosas de forma natural y gradual.

Pregunta

¿Puedes ayudarme a aumentar mi suerte en el campo de la salud?

Respuesta

El Feng Shui considera que el origen de la salud es el chi tierra. Lo primero que hay que hacer es tener un orden impecable en casa, porque el chi tierra nace de aquellos lugares donde todo está aseado y en orden. Es aconsejable tener un orden perfecto en toda la casa: en las cómodas, en los armarios empotrados, en los cajones, en la cocina, en el baño, en todos sitios. Pero tiene que ser un orden «sin estrés». Se recomienda asignar a cada cosa un lugar específico y sacar lo estrictamente necesario cuando necesitemos algo.

En las familias en las cuales hay que atender a una persona anciana con cuidados especiales, por lo general van aumentando los objetos en la casa y se crea un poco de confusión. Hay que tener al alcance las herramientas para esos cuidados especiales y deshacerse de otras cosas superfluas. Párate a reflexionar bien sobre lo que es útil y lo que es superfluo, teniendo en consideración que los objetos viejos e innecesarios menoscaban la salud y restan energía vital.

Para propiciar el bienestar, sin volverse forzosamente minimalista, es fundamental vivir rodeados de cosas verdaderamente útiles y que nos transmitan alegría y positividad.

Pregunta

¿Es recomendable usar un robot de limpieza?

Respuesta

Según parece, se ha difundido la idea de que se ha de limpiar a mano y con sentimiento, pero no es así. Aparte de los objetos o lugares especiales, o de cuando haya que tirar algo, en general para limpiar puedes usar el método o la herramienta que prefieras. Por ejemplo: los robots son muy eficientes para mantener el ambiente siempre limpio, y hay algunos que incluso quitan el polvo, lo cual es de agradecer. Si se usan de forma constructiva y para que la casa esté siempre resplandeciente, se puede lograr un entorno abundante en buena suerte.

Recientemente están aumentando también las empresas especializadas en limpieza doméstica a buen precio. Aconsejo probar este servicio por lo menos una vez a quien encuentre dificultades para ordenar y limpiar la casa.

Ver el ambiente doméstico perfectamente ordenado deja un rastro en la memoria y, si nos acostumbramos al orden, aunque sea recurriendo a los servicios de este tipo de empresas, se vuelve algo natural. Es justamente por esta razón por la que es importante intentar mantener el orden durante el mayor tiempo posible, para interiorizarlo y que se impregne en el ambiente, hasta llegar al punto en que nos resulte difícil desordenar. No pienses que debes hacerlo solo y si lo necesites pide ayuda a empresas especializadas para mejorar tu suerte.

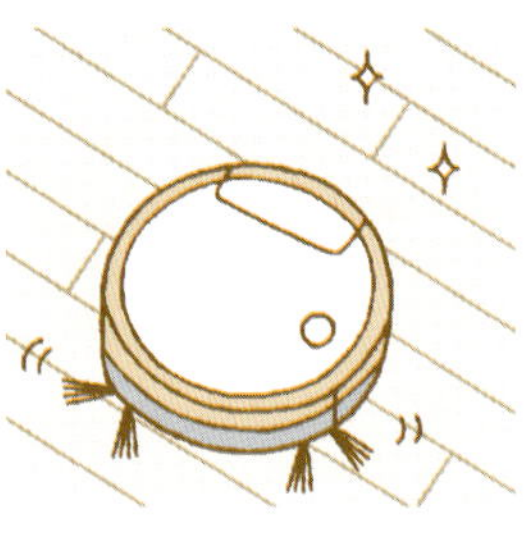

Epígrafe

No llenes las cajas y los armarios hasta los topes

En el Feng Shui no está muy bien vista la idea de ordenar aprovechando cada pequeño espacio para atiborrarlo de cosas. Seguramente es fundamental aplicar una técnica para ordenar, organizar y almacenar, con el fin de mejorar nuestro porvenir, pero aun antes de eso es más importante evaluar muy bien qué guardar y qué no, qué es necesario y qué no lo es, y a partir de ahí, construir nuestro futuro.

¿Tiene acaso sentido ser muy hábil en ordenar, para terminar no usando muchas de las cosas que has guardado con tanto cuidado? En lugar de pensar en aprovechar al máximo un espacio pequeño, es más productivo esforzarse en vivir bien en un entorno sencillo y despejado: de esta forma la buena suerte se regenerará en toda la casa.

Según el Feng Shui, los ambientes en los cuales conservamos nuestras pertenencias son puntos estratégicos para acumular buena suerte, siempre y cuando no se estén guardando objetos superfluos o que no usamos.

Evalúa de nuevo tu forma de ordenar y deshazte de lo superfluo.

Capítulo 6

Mejora tu situación personal a través de la limpieza

Es preferible un ambiente donde el chi esté limpio. Si vamos eliminando los objetos superfluos y limpiando la suciedad que se acumula, el chi podrá renovarse. Si deseas cambiar radicalmente tu situación personal, ponte a limpiar: de esta forma crearás un cambio en el flujo del chi y recibirás abundante buena suerte.

Capítulo 6
家中の収納を
見直しましょう

Si limpias el ambiente, atraerás la fortuna

El flujo del chi mejora si se quita la suciedad

Según el Feng Shui, cuando se limpia, la carga positiva y auspiciosa relacionada con el ambiente concede beneficios a la persona que llevó a cabo la limpieza. El chi no se puede ver a simple vista, sin embargo, reconoce a la persona que limpia el ambiente. Si sabemos usar esta ley a nuestro favor, se puede reactivar fácilmente la buena suerte en cualquier área de nuestra vida. Por ejemplo, si deseamos un mejoramiento estético o en la vida privada, debemos concentrarnos en la limpieza del baño. El chi agua rige la feminidad, por lo tanto, ayuda a mejorar el aspecto de la piel y el cabello. Igualmente, tiene efectos positivos en el ámbito amoroso: limpia el baño y aumentará también tu éxito en el amor. Si, en cambio, te interesa mejorar tu economía, concéntrate en la cocina, que es la que sostiene la suerte financiera; mientras que para la esfera familiar ha de limpiarse a fondo el salón, que es chi tierra. Eliminando la suciedad se reactiva el chi de la buena suerte que estaba estancado en ese lugar.

La suerte mejora más aún si te diviertes limpiando

No tendría sentido limpiar sin ganas, porque las cosas realizadas de esta forma son incapaces de atraer buena suerte. Intenta poner música o encontrar una técnica personalizada para limpiar. Si nos divertimos limpiando, el ambiente se impregna del chi metal de la diversión y nos sucederán acontecimientos agradables en la vida, además prosperaremos económicamente. No hay que limpiar a la fuerza o por deber, sino divirtiéndose e imaginando cómo, gracias a eso, nuestra vida mejora.

Consejos para limpiar según el Feng Shui

1 Evita en lo posible los productos químicos

Los productos químicos para la limpieza contienen chi fuego negativo y, al usarlos, permitimos que se propaguen en el ambiente. No hace falta eliminarlos completamente, pero sí se aconseja limitar su uso.

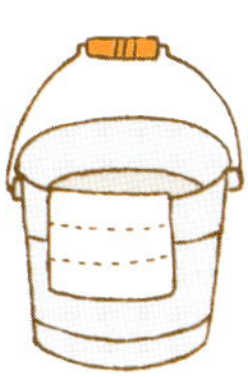

2 Utiliza como elemento principal un paño mojado

Para quitar el chi negativo que se incrusta en el ambiente, lo mejor es usar un paño mojado. Es aún más eficaz si se añade un poco de bicarbonato de sodio.

3 Impregna el ambiente con un perfume agradable

Cuando acabemos de limpiar, encendamos una barrita de incienso o un difusor de aceites esenciales para propagar en el ambiente un buen aroma, y así poder beneficiarnos de la buena suerte de ese perfume. Aconsejo especialmente las plantas aromáticas verdes y los cítricos, cuyos aromas ponen el chi en movimiento y limpian el ambiente.

Capítulo 6

家中の収納を
見直しましょう

El chi accede por la entrada: límpiala a fondo

Cierra las puertas al chi negativo y permite la entrada solo al chi positivo

Al ser la puerta de acceso del chi, la entrada es el lugar más importante de la casa. Mantenla siempre muy limpia para atraer chi positivo y alejar el negativo. Comienza por la puerta de entrada usando un trapo blanco y limpiando antes la parte interna y después la externa, sin olvidar el picaporte, que es tocado por muchas personas. Si, además, pasas el suelo con un paño húmedo, incrementarás el chi positivo que entra en casa y desaparecerá lo negativo. Si piensas que últimamente tu vida no está yendo bien, prueba a fregar el suelo de la entrada cada mañana. El felpudo de entrada tiene la función de filtro y ayuda a limitar el ingreso de chi negativo en casa, por tanto, esmérate en su limpieza. Si dejamos en la entrada abrigos y mochilas, impedimos el acceso del chi positivo. El ser humano tiene la capacidad de absorber el chi de las cosas que le rodean, por eso, si en la entrada de la casa hay desorden, podría tener consecuencias negativas sobre nuestra suerte y, en el caso de las mujeres, también a nivel estético. Mantén siempre la entrada limpia y ordenada, como si se tratase del escaparate de una tienda.

No dejes en la entrada objetos que sirvan para desplazarse

Este tipo de objetos puede provocar infortunios, accidentes o problemas varios. Hay que estar especialmente atento a los objetos con ruedas, como cochecitos, bicicletas y carritos de la compra. Si no puedes ponerlos en otro lado, por lo menos, cúbrelos con tela para esconder las ruedas.

Consejos para la limpieza de la entrada

1 Es muy efectivo pasar un paño en la entrada

Limpiar bien el suelo de la entrada es una técnica que da muy buenos resultados para mejorar tu porvenir. Es especialmente aconsejable cuando parece que toda está yendo mal, y resulta todavía más eficaz si se añade bicarbonato de sodio al agua

2 Limpia la puerta de entrada con un paño blanco

Limpia la puerta con un trapo blanco, primero la parte interna y luego la externa. Limpiar con un paño blanco infunde buena suerte, porque el blanco es un color que inspira los cambios positivos.

3 Limpia el felpudo a conciencia

Cuando regresas a casa, traes contigo muchas energías diferentes. Entre tus compañeros de trabajos y clientes es seguro que hay personas afortunadas y otras no tanto. El felpudo tiene la función de evitar que todo el chi negativo que traemos de la calle entre en casa. Ya que se ensucia muy fácilmente con diversos tipos de chi, límpialo meticulosamente.

Capítulo 6

家中の収納を
見直しましょう

Higieniza bien el baño para preservar tu belleza

La suciedad en el baño se refleja en la piel

Las mujeres pertenecen al chi agua, de ahí que en las zonas donde corre el agua, la suciedad provoca efectos negativos sobre ellas. El chi agua no gobierna solo la vida amorosa o las relaciones en general, sino que representa también al cabello y la piel, por esa razón la suciedad en el baño también puede influir negativamente. Hemos de prestar especial cuidado a

Consejos para la limpieza del cuarto de baño

1 Ventila muy bien

Airea bien el baño porque, si se queda húmedo, puede crearse moho, que a su vez puede provocar irritaciones en la piel. Si hubiese mucha humedad, esto traería consecuencias negativas también en la vida privada, como recibir atenciones de una persona que no nos gusta o no poder acabar con una relación que queramos terminar.

2 Limpia bien los grifos

Si los grifos están sucios, se acumula chi yin agua o «agua venenosa», que perjudica la salud. Para permitir que desaparezca, tenemos que cuidar mucho la limpieza de los grifos, usando productos específicos, y quitando los restos de jabón y los pelos del desagüe del lavabo ayudándonos con un filtro.

Un último consejo

Decora la bañera con un objeto gracioso

Poner en el borde de la bañera un producto para el relax favorece tu suerte económica. Se aconsejan los objetos de forma redonda, más que angulosa..

la limpieza de las juntas entre azulejos, a las incrustaciones, al moho que puede generarse sobre las paredes y a ventilar muy bien el ambiente.

Además, la bañera (como también la ducha) tiene la función de despojarnos del chi negativo del día, y por eso es recomendable enjuagarla bien después de haberla usado, en caso contrario, el chi negativo circularía por la casa. La última persona que use la bañera debe vaciarla y limpiarla bien[8], pero si realmente deseas conservar esa agua, debes usar un purificador.

Un espejo resplandeciente aumenta tu encantoa

El chi se duplica en el espejo, de ahí que haya que cuidar que lo que se refleje no esté desordenado. Además, la presencia de suciedad puede perjudicar tu aspecto, por lo cual es importante mantener siempre resplandeciente el espejo que se utiliza todos los días.

Consejos para la limpieza de la zona del lavabo y del espejo

1 Limpia el espejo de arriba hacia abajo

Si el baño está resplandeciente, también lo estaremos nosotros. Para limpiar el espejo empieza por la parte más alta. Mirarte en un espejo brillante y limpio ayudará a que tu juventud perdure.

2 Limpia el resto del baño empezando desde abajo

El chi yin del agua se acumula en las partes bajas, por lo que para evitar que haya «agua venenosa», empieza limpiando el suelo y el inodoro, sin olvidar la tapa y las alfombras.

8. En Japón, la bañera solo se usa para relajarse después de haberse duchado, por lo que se llena una vez al día para que la usen todos los miembros de la familia.

La base de la limpieza del baño es comenzar por el suelo y hacia arriba

En el baño es fácil acumular «agua venenosa», lo cual puede provocar problemas de salud. Considerando que el chi negativo se acumula más en las partes bajas, lo importante es el suelo, y en la limpieza de toda casa hay que empezar a limpiar desde abajo. Además, el chi negativo es invisible y se cuela por todos sitios, así que no se puede descuidar ni una sola esquina.

Limpiar la cocina mejora tu situación económica

La suciedad en la cocina perjudica nuestra economía

La cocina tiene el rol de mandar en la esfera del dinero: si está sucia, no podremos tener un balance económico positivo. Especialmente en el caso del horno microondas y de los fogones, ya que, al ser chi de fuego, la suciedad hace que generen chi negativo, el cual «quema» la buena suerte en nuestras finanzas. Por eso, quita todas las manchas de los hornos y fogones.

La campana extractora simboliza el dinero, así que cualquier mancha de aceite o de otro tipo que tenga puede arruinar nuestra suerte con el dinero. Por esta razón su limpieza es un factor clave para mejorar nuestros ingresos. La suciedad en el fregadero empeora el flujo circular del dinero: quita con cuidado todas las incrustaciones que se puedan haber formado.

Consejos para la limpieza de la cocina

1 Limpia el horno microondas desde el interior al exterior

Hay que limpiar el microondas empezando por la parte interior. Al ser un objeto cargado de chi fuego, se aconseja usar productos naturales como el aceite de coco o el zumo de naranja, en lugar de productos químicos.

2 Sartenes y fogones resplandecientes

Las manchas en las sartenes y los fogones generan chi fuego negativo. Mantengámoslos siempre resplandecientes para evitar un perjuicio financiero.

3 No descuides la limpieza de la campana extractora

La campana extractora es el elemento por donde entra la suerte económica. Si está sucia, el chi positivo que tendría que entrar en nuestra vida se alejará. Para gozar de un beneficio económico es mejor que la limpiemos nosotros mismos, pero si está demasiado sucia se podría pedir ayuda a una empresa especializada.

4 La suciedad del fregadero y los grifos causa compras compulsivas

Si el fregadero está sucio, tendremos tendencia a estar nerviosos o irascibles y a realizar compras compulsivas. Evita la formación de incrustaciones y limpia bien las paredes del fregadero. No dejes platos sucios y cambia a menudo la esponja con que los friegas.

Que la sala esté impecable genera abundancia y buena suerte

El polvo en las esquinas y encima del sofá empeora nuestra suerte

La sala es un lugar polarizado por el chi tierra que rige la estabilidad de nuestros fundamentos vitales, el destino familiar, la salud y los ahorros. Es una habitación crucial que representa los fundamentos de la vida y que absorbe varias energías. Si la tienes siempre limpia y en orden, serás más propenso a gozar de buena suerte. El factor clave para su limpieza son las cuatro esquinas. Puesto que el chi tierra genera una atmosfera cúbica, si las cuatro esquinas están en desorden o hay polvo en ellas, no lograrás poner bases sólidas en tu vida. Por tanto, ordena muy bien también las esquinas y no dejes ni la sombra del polvo. Es de buen auspicio dedicar una parte de la sala para el esparcimiento, con un sofá cómodo donde puedas relajarte.

Consejos para la limpieza de la sala

1 Pasa bien la mopa y la fregona en cada esquina

El chi tierra tiene la característica de llegar hasta las cuatro esquinas del salón y por eso es preciso que estén muy limpias. Si el suelo es de madera, atraerás chi yang pasándole dos manos de cera para que esté resplandeciente.

2 Lava las fundas del sofá

Los muebles fundamentales de la sala son las sillas y los sofás. Para poder absorber chi positivo mientras te relajas, es esencial que todo esté muy limpio. No permitas que se acumule polvo y lava a menudo las fundas.

3 Cuidado con el polvo sobre la televisión

La televisión es el objeto más vistoso del salón. Dejar que acumule polvo o suciedad provoca la absorción de chi negativo. Para purificar el aire se puede poner carbón activo dentro de una cestita detrás de la televisión.

4 Ordena bien los cables

Si todos los cables de los aparatos eléctricos están enredados o en desorden, podrían surgir complicaciones en la vida privada. Ordénalos bien y átalos con unas cinchas o cuerdas.

5 Limpia las lámparas y las bombillas

La iluminación del interior de la casa tiene la función de sustituir la luz solar. Si las lámparas y bombillas están sucias, no se podría absorber chi yang. Limpia primero la bombilla y después la lámpara. En el caso de las lámparas que se apoyan en el suelo, empieza limpiando el pedestal: así mejorará la absorción de chi yang.

Capítulo 6
家中の収納を見直しましょう

Dormitorio ordenado, dormitorio afortunado

Si no tienes tiempo, por lo menos arregla las almohadas

Cuando dormimos, absorbemos chi positivo. En este sentido, el dormitorio es la habitación principal para propiciar un porvenir favorable. Durante las horas de descanso absorbemos varios tipos de chi, incluido el de nuestra habitación: si está sucia o desordenada, acabamos absorbiendo la energía negativa generada por el desorden, y nuestra suerte empeorará.

Consejos para la limpieza del dormitorio

1 Ordena bien las almohadas

Considerando que cuando descansamos absorbemos buena suerte, es indispensable que dejemos las almohadas bien puestas. También es aconsejable adornar la mesita de noche con una lámpara, flores o un difusor de aceite esenciales.

2 Disminuye la potencia de la aspiradora

Si utilizamos la aspiradora, es mejor bajarle la potencia para que el ruido no disturbe el chi del ambiente. Si se trata de suelo de madera, se puede usar una mopa o una escoba normal.

Si no tienes tiempo de ordenar, no te olvides por lo menos de arreglar las almohadas, porque en las horas de sueño el chi entra por la cabeza. En el Feng Shui se dice que «una persona que sabe descansar bien es afortunada». Arreglemos nuestro dormitorio y el futuro nos sonreirá.

Un inciso: los consejos para limpiar ventanas y paredes que encontrarás en la página siguiente sirven evidentemente para todos los espacios de la casa.

Las ventanas y las cortinas también son elementos importantes para gozar de buena suerte

Las ventanas simbolizan la belleza, el estatus y la inteligencia de las personas que viven en esa casa. Si acumulas polvo o muchos objetos cerca de las ventanas, te perjudicará desde el punto de vista estético y social. Además, las cortinas tienen la función de filtro: permiten que el chi positivo se quede en el interior y expulsan el chi negativo. Pero si estos filtros están atascados, no pueden funcionar, y por ello es necesario lavar las cortinas con cada cambio de estación.

Limpiando las paredes con un paño y agua se reequilibra nuestra suerte

Las paredes captan el chi que fluctúa en el aire. Por lo tanto, considera cada mancha como una mancha en tu porvenir y quítala con un paño y agua. Esto lo aconsejo sobre todo para las personas que desean empezar de nuevo, mientras que para quien desea mejorar su vida social y amorosa es efectivo usar una toalla rosada o verde.

Consejos para la limpieza de ventanas y paredes

1 Las ventanas: lava antes los vidrios de fuera y luego los de dentro

Cuando lavas las ventanas, comienza por la parte externa y después limpia la parte interna. Para limpiar realiza movimientos horizontales, dirigiéndote hacia la luz para absorber el chi yang.

2 Lava las cortinas a menudo

Las cortinas sirven para retener el chi positivo dentro de casa y dejar fuera lo negativo. Así que, como con cualquier filtro, para favorecer la renovación del chi es mejor lavarlas con cada cambio de estación.

3 Limpia las paredes de arriba abajo

Limpia las paredes de arriba hacia abajo o en horizontal, dirigiéndote hacia la parte más luminosa de la habitación.

Epígrafe

Consejos para limpiar después de una mudanza

El ambiente está cargado de la energía de las personas que han vivido en el piso antes que nosotros. Si se trata de personas afortunadas, no hay problema, pero cuando no se conoce a los inquilinos anteriores, es mejor proceder con una limpieza profunda antes de la mudanza, para quitar el chi que todavía pueda estar presente en el ambiente.

Primero, limpia muy bien las paredes y cualquier mueble que ya estuviera en el apartamento con agua y sal o bicarbonato, y después repásalo una segunda vez solo con agua y ventila para purificar bien el ambiente. El mejor momento para esto es por la mañana, pero también podría hacerse por la tarde.

Concéntrate sobre todo en la limpieza de los lugares por los que corre el agua, como la cocina y el baño. Estos espacios son favorables para prosperidad económica, pero al no conocer a las personas que vivían allí antes, es mejor esmerarse a fondo en la limpieza de estas habitaciones.

Si el suelo es de madera, hay que pasar cera, pero en el caso de moqueta o alfombras, lo apropiado es limpiar con agua y después pasar la aspiradora. En el caso de tratarse de un edificio nuevo, de igual forma es mejor limpiar a fondo para purificar el ambiente y atraer la buena suerte.

Capítulo 7

Calcula tus «direcciones afortunadas» según el Feng Shui

Dependiendo de tu estrella protectora, que se calcula a partir de tu fecha de nacimiento, tus «direcciones favorables» varían. Si te diriges a un lugar que se encuentra en una de estas direcciones, recibirás buena suerte, y si tiras algo allí, absorberás la buena energía presente en ese lugar.

Capítulo 7

自分の吉方位を知りましょう

Determina tu estrella protectora según el año de nacimiento

Las direcciones favorables varían dependiendo de tu estrella protectora

En este libro hemos citado varias veces el término «direcciones afortunadas» o «favorables», que se calculan, como ya hemos dicho, en base a nuestra estrella, que a su vez se calcula en función del año de nacimiento. Según el Feng Shui, se puede recibir chi positivo yendo a lugares que se encuentran en estas coordenadas.

Primero, calcula tu estrella protectora usando la tabla que aparece en la página siguiente.

Nota importante: si tu fecha de nacimiento es entre el 1 de enero y el 3 de febrero (o el 4 en el caso de los años bisiestos), ten en cuenta que tu estrella aún será la del año anterior.

Tu estrella protectora

Estrella Agua Bianca NORTE	Estrella Tierra Negra SUROESTE	Estrella Madera Verde ESTE	Estrella Madera Verde Oscuro SURESTE	Estrella Tierra Amarilla CENTRAL	Estrella Metal Blanco NOROESTE	Estrella Metal Rojo ESTE	Estrella Tierra Blanca NORESTE	Estrella Fuego Morado SUR
Heisei 20 (2008)	Heisei 19 (2007)	Heisei 18 (2006)	Heisei 17 (2005)	Heisei 16 (2004)	Heisei 15 (2003)	Heisei 14 (2002)	Heisei 13 (2001)	Heisei 12 (2000)
Heisei 11 (1999)	Heisei 10 (1998)	Heisei 9 (1997)	Heisei 8 (1996)	Heisei 7 (1995)	Heisei 6 (1994)	Heisei 5 (1993)	Heisei 4 (1992)	Heisei 3 (1991)
Heisei 2 (1990)	Heisei 1 (1989)	Shiwa 63/64 (1988/89)	Shiwa 62 (1987)	Shiwa 61 (1986)	Shiwa 60 (1985)	Shiwa 59 (1984)	Shiwa 58 (1983)	Shiwa 57 (1982)
Shiwa 56 (1981)	Shiwa 55 (1980)	Shiwa 54 (1979)	Shiwa 53 (1978)	Shiwa 52 (1977)	Shiwa 51 (1976)	Shiwa 50 (1975)	Shiwa 49 (1974)	Shiwa 48 (1973)
Shiwa 47 (1972)	Shiwa 46 (1971)	Shiwa 45 (1970)	Shiwa 44 (1969)	Shiwa 43 (1968)	Shiwa 42 (1967)	Shiwa 41 (1966)	Shiwa 40 (1965)	Shiwa 39 (1964)
Shiwa 38 (1963)	Shiwa 37 (1962)	Shiwa 36 (1961)	Shiwa 35 (1960)	Shiwa 34 (1959)	Shiwa 33 (1958)	Shiwa 32 (1957)	Shiwa 31 (1956)	Shiwa 30 (1955)

Capítulo 7

自分の吉方位を
知りましょう

Las coordenadas favorables de cada estrella

El desplazamiento magnético del norte

En la siguiente página enumero las coordenadas favorables en base a la estrella protectora, pero ten en cuenta la variación del eje magnético. En el caso de España no hay inclinación, pero para México son cuatro grados hacia el este y para Buenos Aires son nueve grados hacia el oeste.

Las «direcciones favorables» del Feng Shui y sus significados simbólicos

Madrid 0°
(sin inclinación)

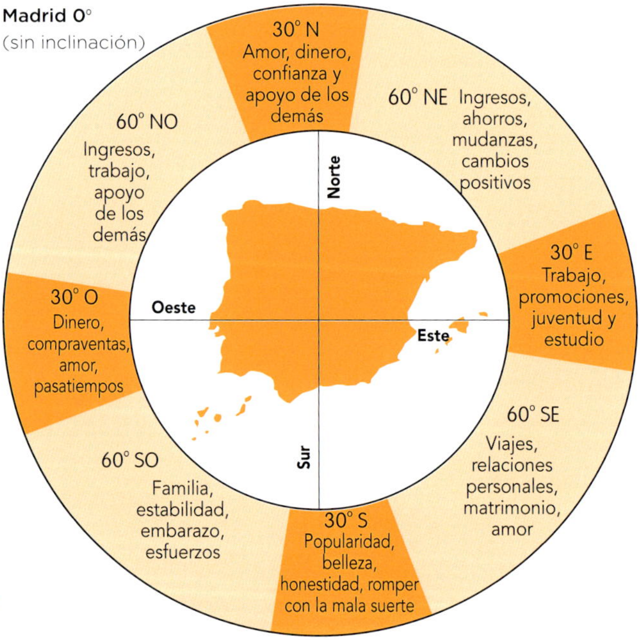

Ciudad de México
4° hacia el este

Buenos Aires
9° hacia el oeste

1. Direcciones favorables para la Estrella Agua Blanca

◇	★	◎	▲
Direcciones afortunadas en los meses. Se notan los beneficios positivos después de 4, 7, 10 y 13 meses.	Direcciones afortunadas en los años. Los beneficios se notan después de 4, 7, 10 y 13 años, pero duran mucho tiempo	Direcciones afortunadas en meses y años: incluyen los dos símbolos precedentes ◇ y ★.	Direcciones que no se pueden definir como positivas ni negativas.

2024 *

	N	NE	E	SE	S	SO	O	NO
en.			◇					
febr.		★		◇				
mzo.	▲				★			
abr.	▲	◎		▲	◎	▲		
my.	◇				◎			
jun.		◎		▲		◇		
jul.						◇		
ag.	◇			◇	◎			
set.	◇			◇	★			
oct.		★				◇		
nov.		★				▲		
dic.	▲							

2025 *

	N	NE	E	SE	S	SO	O	NO
en.	▲	◎		▲	◎			
febr.	◎		▲		◎		◎	
mzo.			▲					
abr.			◇				★	
my.	◎				◎			
jun.					★			
jul.			◇				★	
ag.			◇				◎	
set.	★				★		◎	
oct.	★				◎			
nov.	◎		▲		◎		◎	
dic.			▲				◎	

2026 *

	N	NE	E	SE	S	SO	O	NO
en.			◇				★	
febr.				◇				▲
mzo.				◇				▲
abr.		★	◇			◎	★	
my.		★	◇	◇		★	◎	
jun.			▲				◎	
jul.				▲		★		◇
ag.			▲				◎	
set.		◎		▲		◎	◎	▲
oct.		◎	◇			◎	★	
nov.								▲
dic.				◇				▲

2027 *

	N	NE	E	SE	S	SO	O	NO
en.		★	◇				★	
febr.			◎				◇	
mzo.			★					
abr.						★		
my.			★				◇	
jun.			★			◎	◇	
jul.			◎			◎	▲	
ag.								
set.								
oct.			◎			◎	▲	
nov.			◎			★	◇	
dic.			★				◇	

* Direcciones: **N** Norte, **NE** Noreste, **E** Este, **SE** Sureste, **SO** Suroeste, **O** Oeste, **NO** Noroeste.

2. Direcciones afortunadas para la Estrella Tierra Negra

◇	★	◎	▲
Direcciones afortunadas en los meses. Se notan los beneficios positivos después de 4, 7, 10 y 13 meses.	Direcciones afortunadas en los años. Los beneficios se notan después de 4, 7, 10 y 13 años, pero duran mucho tiempo	Direcciones afortunadas en meses y años: incluyen los dos símbolos precedentes ◇ y ★.	Direcciones que no se pueden definir como positivas ni negativas.

2024

*	N	NE	E	SE	S	SO	O	NO
en.		◎						
febr.	★				◎			
mzo.	◎	◎			◎	★		
abr.	◎	◎			◎	◎		
my.	◎				◎			
jun.		★				◎		
jul.						◎		
ag.	★				★			
set.		★				★		
oct.		◎				★		
nov.	★				◎			
dic.	◎	◎				★		

2025

*	N	NE	E	SE	S	SO	O	NO
en.	◎	◎			◎			
febr.	◎		◎	▲	◎		▲	
mzo.			◎					
abr.				◇				
my.	★		◎	◇	★		▲	
jun.				◇				
jul.			★				◇	
ag.	★		★	▲	◎		◇	
set.	◎				◎		◇	
oct.	◎				◎			
nov.	◎		◎		◎		▲	
dic.			◎				▲	

2026

*	N	NE	E	SE	S	SO	O	NO
en.				◇				
febr.			◎				▲	
mzo.		▲				★		
abr.		◇	★			★	◇	
my.			★				◇	
jun.		◇				★		
jul.						◎		
ag.			◎				▲	
set.		▲				◎	▲	
oct.		▲				◎		
nov.			◎				▲	
dic.		▲				★		

2027

*	N	NE	E	SE	S	SO	O	NO
en.		◇	★				◇	
febr.				★				◇
mzo.						★		
abr.						◎		
my.				★				
jun.						◎		
jul.				◎		◎		▲
ag.				◎				◇
set.				◎		★		◇
oct.						★		
nov.								◇
dic.						★		

* Direcciones: N Norte, NE Noreste, E Este, SE Sureste, SO Suroeste, O Oeste, NO Noroeste.

3. Direcciones afortunadas para la Estrella Madera Verde

◇	★	◎	▲
Direcciones afortunadas en los meses. Se notan los beneficios positivos después de 4, 7, 10 y 13 meses.	Direcciones afortunadas en los años. Los beneficios se notan después de 4, 7, 10 y 13 años, pero duran mucho tiempo	Direcciones afortunadas en meses y años: incluyen los dos símbolos precedentes ◇ y ★.	Direcciones que no se pueden definir como positivas ni negativas.

2024 *

	N	NE	E	SE	S	SO	O	NO
en.	★		◇		◇			
febr.	◇	▲		◇	◇			
mzo.	◇	▲			▲	◎		
abr.	▲	▲		▲	▲	◎		
my.	▲				▲			
jun.		◇		◇		★		
jul.				▲				
ag.				▲				
set.		◇		▲		◎		
oct.	▲				◇			
nov.	◇	▲			◇	★		
dic.	◇	▲				◎		

2025 *

	N	NE	E	SE	S	SO	O	NO
en.	▲	▲		▲	▲			
febr.	▲		◎		▲		◎	
mzo.								
abr.			★				★	
my.			★				◎	
jun.								
jul.	▲		◎		◇		★	
ag.	◇				◇			
set.	◇				▲		★	
oct.	▲				▲			
nov.	▲		◎		▲		◎	
dic.								

2026 *

	N	NE	E	SE	S	SO	O	NO
en.			★				★	
febr.				★				◇
mzo.		◎		★		◇		▲
abr.								
my.		★		◎		▲		
jun.		★				◇		
jul.				★		◇		◇
ag.								
set.		◎		◎		▲		▲
oct.								◇
nov.								◇
dic.		◎		★		◇		▲

2027 *

	N	NE	E	SE	S	SO	O	NO
en.								
febr.				◇				★
mzo.			▲					
abr.				▲				
my.			◇				◇	
jun.				◇				★
jul.			▲	▲			▲	◎
ag.			▲	▲			◇	◎
set.				▲				★
oct.			◇				▲	
nov.								★
dic.			▲				▲	

* Direcciones: **N** Norte, **NE** Noreste, **E** Este, **SE** Sureste, **SO** Suroeste, **O** Oeste, **NO** Noroeste.

4. Direcciones afortunadas para la Estrella Madera Verde oscuro

◇	★	◎	▲
Direcciones afortunadas en los meses. Se notan los beneficios positivos después de 4, 7, 10 y 13 meses.	Direcciones afortunadas en los años. Los beneficios se notan después de 4, 7, 10 y 13 años, pero duran mucho tiempo	Direcciones afortunadas en meses y años: incluyen los dos símbolos precedentes ◇ y ★.	Direcciones que no se pueden definir como positivas ni negativas.

2024 *

	N	NE	E	SE	S	SO	O	NO
en.	★	◇			◇			
febr.	◇	▲			◇			
mzo.	◇	▲			▲	◎		
abr.	▲	▲			▲	◎		
my.	▲				▲			
jun.								
jul.						★		
ag.								
set.	◇				▲			
oct.	▲	◇			◇	◎		
nov.	◇	▲			◇	★		
dic.	◇	▲				◎		

2025 *

	N	NE	E	SE	S	SO	O	NO
en.	▲	▲			▲			
febr.	▲			◎	▲			
mzo.				◎				
abr.				★				
my.				★				
jun.				★	▲			
jul.	▲				◇			
ag.	◇				◇			
set.	◇				▲			
oct.	▲				▲			
nov.	▲				▲			
dic.								

2026 *

	N	NE	E	SE	S	SO	O	NO
en.				★				
febr.			▲	★			◎	◇
mzo.				★				▲
abr.								
my.			◇				★	
jun.			▲				★	
jul.								
ag.				◎				◇
set.				◎			◎	▲
oct.			▲				★	◇
nov.			▲				◎	◇
dic.				★				▲

2027 *

	N	NE	E	SE	S	SO	O	NO
en.								
febr.			◇				▲	
mzo.			▲			◇		
abr.						◇		
my.				◇			◇	★
jun.			▲	◇		▲	▲	◎
jul.			▲	▲			◇	◎
ag.			▲	▲				★
set.				▲				
oct.						◇		
nov.			◇			▲	▲	
dic.			▲			◇	▲	

* Direcciones : **N** Norte, **NE** Noreste, **E** Este, **SE** Sureste, **SO** Suroeste, **O** Oeste, **NO** Noroeste.

5. Direcciones afortunadas para la Estrella Tierra Amarilla

◇	★	◎	▲
Direcciones afortunadas en los meses. Se notan los beneficios positivos después de 4, 7, 10 y 13 meses.	Direcciones afortunadas en los años. Los beneficios se notan después de 4, 7, 10 y 13 años, pero duran mucho tiempo	Direcciones afortunadas en meses y años: incluyen los dos símbolos precedentes ◇ y ★.	Direcciones que no se pueden definir como positivas ni negativas.

2024

*	N	NE	E	SE	S	SO	O	NO
en.	◎	◎	★		★			
febr.	★	◎		★	◎			
mzo.	◎	◎			◎	★		
abr.	◎	◎		◎	◎	◎		
my.	◎			★	◎			
jun.		★		◎		◎		
jul.				◎		◎		
ag.	★			◎	★			
set.	★	★		◎	◎	★		
oct.	◎	◎			★	★		
nov.	★	◎			◎	◎		
dic.	◎	◎				★		

2025

*	N	NE	E	SE	S	SO	O	NO
en.	◎	◎		◎	◎			
febr.	◎		◎	▲	◎		▲	
mzo.			◎	◇				
abr.			◎	◇			◇	
my.	★		◎	◇	★		▲	
jun.				◇	◎			
jul.	◎		★		★		◇	
ag.	★		★	▲	◎		◇	
set.	◎				◎		◇	
oct.	◎				◎			
nov.	◎		◎		◎		▲	
dic.			◎	◇			▲	

2026

*	N	NE	E	SE	S	SO	O	NO
en.			◎	◇			◇	
febr.			◎	◎			▲	◎
mzo.		▲		◎		★		◎
abr.		◇	★			★	◇	
my.		◇	★	★		◎	◇	
jun.		◇	◎			★	◇	
jul.				◎		◎		★
ag.			◎	★			▲	★
set.		▲		◎		◎	▲	◎
oct.		▲	◎			◎	◇	★
nov.			◎				▲	◎
dic.		▲		◎		★		◎

2027

*	N	NE	E	SE	S	SO	O	NO
en.		◇	★				◇	
febr.			★	★			◎	◇
mzo.			◎			★		
abr.				◎		◎		
my.			◎	★			★	
jun.			◎	◎		◎	★	◇
jul.			◎	◎		◎	◎	▲
ag.			◎	◎			★	◇
set.				◎		★		◇
oct.			★			★	◎	
nov.			★			◎	◎	◇
dic.			◎			★	◎	

* Direcciones: **N** Norte, **NE** Noreste, **E** Este, **SE** Sureste, **SO** Suroeste, **O** Oeste, **NO** Noroeste.

6. Direcciones afortunadas para la Estrella Metal Blanco

◇	★	◎	▲
Direcciones afortunadas en los meses. Se notan los beneficios positivos después de 4, 7, 10 y 13 meses.	Direcciones afortunadas en los años. Los beneficios se notan después de 4, 7, 10 y 13 años, pero duran mucho tiempo	Direcciones afortunadas en meses y años: incluyen los dos símbolos precedentes ◇ y ★.	Direcciones que no se pueden definir como positivas ni negativas.

2024

*	N	NE	E	SE	S	SO	O	NO
en.	◇	★			◎			
febr.	◎				★			
mzo.	★				◎			
abr.	◎			◎	◎			
my.				◎				
jun.				★				
jul.				◎				
ag.	★			◎	★			
set.	★				◎			
oct.	◎				◎			
nov.	◎				★			
dic.	★							

2025

*	N	NE	E	SE	S	SO	O	NO
en.	◎			◎	◎			
febr.			▲	◎			▲	
mzo.			◇	★				
abr.			◇	◎			◇	
my.				◎				
jun.								
jul.			▲				◇	
ag.			▲				◇	
set.								
oct.								
nov.			▲				▲	
dic.			◇	★			▲	

2026

*	N	NE	E	SE	S	SO	O	NO
en.			◇	◎			◇	
febr.				◇				★
mzo.		◇				★		
abr.		▲	★			★	◇	
my.		◇	★			◎	◇	
jun.		◇				◎		
jul.				◇				★
ag.			★	◇			▲	★
set.		▲		▲		◎	▲	◎
oct.			◎				◇	◎
nov.								★
dic.		◇				★		

2027

*	N	NE	E	SE	S	SO	O	NO
en.		▲	★				◇	
febr.			★				◎	
mzo.								
abr.				◎				
my.			★	◎			★	
jun.			◎	★			★	◎
jul.			◎	◎			◎	◎
ag.				◎				★
set.			★					
oct.			★				◎	
nov.							◎	
dic.								

* Direcciones: **N** Norte, **NE** Noreste, **E** Este, **SE** Sureste, **SO** Suroeste, **O** Oeste, **NO** Noroeste.

7. Direcciones afortunadas para la Estrella Metal Rojo

◇	★	◎	▲
Direcciones afortunadas en los meses. Se notan los beneficios positivos después de 4, 7, 10 y 13 meses.	Direcciones afortunadas en los años. Los beneficios se notan después de 4, 7, 10 y 13 años, pero duran mucho tiempo	Direcciones afortunadas en meses y años: incluyen los dos símbolos precedentes ◇ y ★.	Direcciones que no se pueden definir como positivas ni negativas.

2024

*	N	NE	E	SE	S	SO	O	NO
en.	◇		★		◎			
febr.		◎		★				
mzo.								
abr.		◎		◎		▲		
my.				◎				
jun.				★				
jul.				◎		◇		
ag.								
set.		◎		◎		▲		
oct.		★				▲		
nov.		◎				◇		
dic.								

2025

*	N	NE	E	SE	S	SO	O	NO
en.		◎		◎				
febr.			▲	◎			▲	
mzo.			◇	★				
abr.				◎				
my.			◇				◇	
jun.				◎				
jul.			▲				◇	
ag.				★				
set.							◇	
oct.								
nov.			▲				▲	
dic.			◇	★			▲	

2026

*	N	NE	E	SE	S	SO	O	NO
en.				◎				
febr.			◎				◇	
mzo.				◇				◎
abr.			★				◇	
my.				▲				
jun.			◎				◇	
jul.				◇				★
ag.			★	◇			▲	★
set.				▲			▲	◎
oct.								◎
nov.			◎				◇	
dic.				◇				◎

2027

*	N	NE	E	SE	S	SO	O	NO
en.			★				◇	
febr.				★				◎
mzo.								
abr.				◎		★		
my.				◎				
jun.				★				◎
jul.				◎		◎		◎
ag.								
set.				◎		★		◎
oct.						★		
nov.						◎		◎
dic.								

* Direcciones : **N** Norte, **NE** Noreste, **E** Este, **SE** Sureste, **SO** Suroeste, **O** Oeste, **NO** Noroeste.

8. Direcciones afortunadas para la Estrella Tierra Blanca

◇	★	◎	▲
Direcciones afortunadas en los meses. Se notan los beneficios positivos después de 4, 7, 10 y 13 meses.	Direcciones afortunadas en los años. Los beneficios se notan después de 4, 7, 10 y 13 años, pero duran mucho tiempo	Direcciones afortunadas en meses y años: incluyen los dos símbolos precedentes ◇ y ★.	Direcciones que no se pueden definir como positivas ni negativas.

2024 *

	N	NE	E	SE	S	SO	O	NO
en.		◎						
febr.				★				
mzo.		◎				★		
abr.		◎		◎		◎		
my.				★				
jun.		★		◎		◎		
jul.						◎		
ag.				◎				
set.		★				★		
oct.		◎				★		
nov.								
dic.		◎				★		

2025 *

	N	NE	E	SE	S	SO	O	NO
en.		◎		◎				
febr.	◎		◎	▲	◎		▲	
mzo.				◇				
abr.			◎				◇	
my.	★		◎	◇	★		▲	
jun.					◎			
jul.	◎				★			
ag.	★		★	▲	◎			
set.								
oct.								
nov.	◎		◎		◎		▲	
dic.				◇				

2026 *

	N	NE	E	SE	S	SO	O	NO
en.			◎					
febr.				◎				◎
mzo.		▲				★		
abr.		◇				★		
my.				★				
jun.		◇				★		
jul.				◎		◎		★
ag.				★				★
set.		▲		◎		◎		◎
oct.		▲				◎		
nov.								◎
dic.		▲				★		

2027 *

	N	NE	E	SE	S	SO	O	NO
en.		◇						
febr.			★				◎	
mzo.			◎			★		
abr.						◎		
my.			◎				★	
jun.						◎		
jul.			◎			◎	◎	
ag.			◎				★	
set.						★		
oct.						★		
nov.			★				◎	
dic.			◎			★	◎	

* Direcciones: **N** Norte, **NE** Noreste, **E** Este, **SE** Sureste, **SO** Suroeste, **O** Oeste, **NO** Noroeste.

9. Direcciones afortunadas para la Estrella Fuego Morado

◇	★	◎	▲
Direcciones afortunadas en los meses. Se notan los beneficios positivos después de 4, 7, 10 y 13 meses.	Direcciones afortunadas en los años. Los beneficios se notan después de 4, 7, 10 y 13 años, pero duran mucho tiempo	Direcciones afortunadas en meses y años: incluyen los dos símbolos precedentes ◇ y ★.	Direcciones que no se pueden definir como positivas ni negativas.

2024 *

	N	NE	E	SE	S	SO	O	NO
en.			◎					
febr.				◎				
mzo.								
abr.	◎			◎	▲			
my.	★			★	▲			
jun.								
jul.				◎				
ag.	◎				◇			
set.	◎			★	◇			
oct.	◎				▲			
nov.								
dic.								

2025 *

	N	NE	E	SE	S	SO	O	NO
en.	◎			◎	▲			
febr.	▲			▲	▲			
mzo.								
abr.				◇				
my.	◇				◇			
jun.				▲	◇			
jul.	◇				▲			
ag.				◇				
set.								
oct.	◇				▲			
nov.	▲				▲			
dic.								

2026 *

	N	NE	E	SE	S	SO	O	NO
en.				◇				
febr.			★				★	
mzo.		★				◇		
abr.			◎				◎	
my.		◎	◎			◇	★	
jun.		★	◎			▲	★	
jul.								
ag.								
set.		◎				▲	◎	
oct.		◎	★			▲	◎	
nov.			★				★	
dic.		★				◇		

2027 *

	N	NE	E	SE	S	SO	O	NO
en.			◎				◎	
febr.			◇	◎			★	▲
mzo.			◇			▲		
abr.				◎				
my.				★				
jun.			◇			▲	◎	
jul.			▲	◎		▲	◎	▲
ag.			▲				★	
set.				★		◇		◇
oct.			◇				◎	
nov.			◇			◇	★	▲
dic.			◇			▲	★	

* Direcciones: N Norte, NE Noreste, E Este, SE Sureste, SO Suroeste, O Oeste, NO Noroeste.

Conclusiones

Han pasado más de dieciséis años desde que hablé por primera vez de cómo la organización y el orden están íntimamente relacionados con nuestro porvenir. Ahora es un asunto reconocido en Japón y en muchos países, pero en aquel tiempo fue una gran sorpresa porque muchísima gente pensaba que el Feng Shui era un manual de instrucciones específicas sobre cómo y dónde, por ejemplo, colocar nuestras pertenencias o de qué color elegir las cortinas de nuestra casa. En aquel tiempo, resultaba una novedad afirmar la posibilidad de cambiar nuestra suerte purificando el ambiente en el cual vivimos, también para quienes ya se habían interesado en el Feng Shui.

Con el paso del tiempo, muchas personas tuvieron la oportunidad de experimentar los beneficios que se pueden recibir de un ambiente limpio y bien ordenado y, a medida que iban aumentando las personas que afirmaban haber logrado mejorar su porvenir de esta forma, también iba resultando más evidente que la base práctica más relevante del Feng Shui es realmente «la organización y el orden».

Recientemente, después de haber organizado mis «Encuentros académicos sobre el Feng Shui con Rinoie Yuchiku» para crear nuevos profesionales capacitados para ejercer como consultores sobre el Feng Shui, se comenzó a utilizar mi manual como libro de texto para obtener el certificado académico del «Curso sobre el Feng Shui aplicado al almacenamiento, la organización y el orden».

Me hace feliz saber que muchas lectoras y lectores, después de haber leído este manual, consideran hacer de esta pasión su profesión.

Para quien, sin embargo, no esté pensando en nuevas posibilidades laborales, me gustaría que después de haber leído este libro, se parase un momento a reflexionar sobre cómo el porvenir de cada uno depende mucho del ambiente en el cual vive y sobre cómo se puede gozar de buena suerte organizando precisamente el ambiente que le rodea. Cuando hablo de organización me refiero a «ordenar las cosas que poseemos y guardarlas de una determinada manera».

En la vida diaria descubrirás de qué tipo de energía o suerte quieres qué esté cargado el ambiente en el que vives y, por consecuencia, a qué porvenir aspiras y cómo proceder para lograrlo.

Este manual pretende ayudarnos a discernir entre las cosas necesarias que iluminan nuestra vida y las superfluas que, en cambio, encaminan nuestra vida hacia la oscuridad, y nos enseña cómo eliminar los «gérmenes de la infelicidad» de nuestra existencia.

Me alegra mucho saber que este libro puede convertirse en el principio de un cambio en tu vida, que te llevará hacia una felicidad rebosante de luz.

RINOIE YUCHIKU

Rinoie Yuchiku

Trabaja como consultora en varios aspectos de la vida, desde el orden del hogar a cómo comportarse en el trabajo, basándose siempre en el concepto del Feng Shui, que define como «la ciencia que estudia nuestro entorno y que favorece la buena suerte a través del orden». Además de dirigir cursos y seminarios, colabora también con programas de televisión, radio y varias revistas. Entre sus publicaciones se encuentran *El Feng Shui que abre las puertas a la buena suerte según Rinoie Yuchiku*, *El Feng Shui de la felicidad según Rinoie Yuchiku*, *El Feng Shui de la felicidad para todo el año y para cada signo astrológico* y *El calendario floral del Feng Shui*. En total, sus libros han vendido más de siete millones de ejemplares en todo el mundo.

Recientemente ha comenzado a trabajar como consejera del Feng Shui de la organización y del orden, para lo cual ha creado y preside el «Curso sobre el Feng Shui de nuestro entorno», cuyo objetivo es formar nuevos profesionales en este campo.

Página web oficial de Rinoie Yuchiku:
https://yuchiku.com/
Página oficial de los cursos de Feng Shui:
https://feng-shui.or.jp/